EL MAPA HACIA MI PAZ FINANCIERA

Las 7 capitales de los pecados

MC Emmanuel Mendívil

Diseño: Lic. Valeria Guerrero
lamorritacln@gmail.com

Primera edición: 20 de septiembre de 2022.

Certificado de propiedad intelectual:
03-2022-091619272600-01

ISBN: 9786072943483

CONTENIDO

I LA HERRAMIENTA DE PODER

El presupuesto mensual

El primer paso para organizar nuestras finanzas es utilizar esta herramienta de poder, con ella conoceremos nuestra verdadera situación financiera.

¿Por qué es tan importante?

Porque el presupuesto te da el poder de decirle a tu dinero hacia donde tiene que ir.

De acuerdo a la Condusef **www.condusef.gob.mx** en promedio 6 de cada 10 personas adultas en México no llevan un registro de sus gastos mensuales, y de las 4 que sí lo hacen, 2 lo llevan de manera mental.

Eso significa que solo el 20% de la población lleva un presupuesto mensual.

Pero, ¿cuál es el objetivo de llevar un presupuesto?

Lograr el equilibrio entre tus ingresos y tus gastos, además de brindarnos una radiografía de nuestra situación financiera actual durante cada mes del año, lo que nos permite ir realizando ajustes con anticipación.

Reto: Mi presupuesto

Lo llenaremos con todos nuestros ingresos y gastos, te comparto un sencillo ejemplo en excel para que te des una idea de cómo lo podemos ordenar, así es, es solo una sugerencia, ya que te invito a que lo ordenes como más te agrade, incluso podemos utilizar aplicaciones en nuestro celular, una libreta, en la tablet, laptop, etc.

En este caso nos podemos percatar que hay varios renglones en ingresos y es que si además de nuestro sueldo, ganamos algo adicional los fines de semana, también hay que considerarlo y si tienes alguna beca, bonos, incentivos o intereses ganados por inversiones, también lo incluimos.

Más abajo en la tabla podemos ver separados gastos fijos y variables, para que nos demos una idea, los fijos son los que no cambian mes con mes y los variables son los que podemos prescindir fácilmente de ellos.

Listo, así sin verlo, creo que necesitamos hacer algunos ajustes, o varios, o un profundo *detox* financiero.

En este momento es cuando nos damos cuenta de cuáles son exactamente los ajustes que debemos de hacer y que, además, me sienta cómodo con ellos, porque es importante no arrepentirnos al mes siguiente, por eso tampoco el ser demasiado austeros funciona, ya que eso no favorece mucho a nuestra meta, que es mantener buenos hábitos financieros a largo plazo.

Realicemos los ajustes necesarios, no para remover todos nuestros gustos, sino para lograr equilibrar nuestro presupuesto.

"¿Quién de ustedes que quiera levantar una torre,
no se sienta primero a calcular los costos, para ver si
tiene todo lo que necesita para terminarla?"

Lucas 14:28

Presupuesto Mensual	
Ingresos	
Esposa	$ 12,500
Esposo	$ 12,500
Venta Catálogo	$ 5,000
	$ 30,000
Gasto fijos	
Ahorro 10%	$ 3,000
Crédito Casa	$ 8,000
Crédito Auto	$ 4,000
Seguro Auto	$ 1,000
Internet Hogar	$ 500
Agua Hogar	$ 250
Gas Hogar	$ 250
Luz Hogar	$ 1,000
Despensa	$ 7,000
Combustible	$ 3,000
	$ 28,000
Gastos variales	
Autolavado	$ 400
Estilista	$ 150
Spotify	$ 150
Netflix	$ 150
Restaurantes	$ 1,000
Vacaciones	$ 1,000
Juegos online	$ 500
Café/Snacks	$ 1,000
Ropa/Calzado	$ 1,000
	$ 5,350

Total Ingresos	$	30,000
Total Gastos	$	33,350
	-$	3,350

Recortar tus gastos solo aplica si tienes un balance negativo o muy ajustado, como en este caso del ejemplo, donde sí hay que recortar, pero no tanto y no pretendemos que esta sea una práctica constante, sino todo lo contrario, las finanzas personales buscan que tengas una calidad de vida donde puedas disfrutar de todas las cosas que te gustan y hacen sentir bien.

Sin embargo, reconozco que la desintoxicación financiera es la 1er etapa por la que tenemos que pasar antes de llegar al punto de equilibrio donde todos nuestros gastos están cubiertos cada mes sin tener que estar estresados todo el tiempo, una vez llegado a ese punto, entonces ya podemos empezar a crear mayor patrimonio.

Las 3 partes del détox financiero:

1. Iniciar a ahorrar de manera constante
2. Recortar gastos innecesarios del presupuesto
3. Cubrir nuestras deudas de las más cara a la más barata

En el presupuesto anterior, podemos notar que nos pasamos con $3,350, así que el ajuste natural fue recortar gastos variables y con eso logramos equilibrarlo.

El principal error que cometemos es que dejamos hasta el final el rubro del ahorro, cuando debe de ser el primero de la lista, siendo el 10% de tus ingresos una buena recomendación para empezar. Lo natural es que estemos diciendo: "no nos alcanza para ahorrar" cuando debe de ser "ya ahorré y con lo que me quedó lo ajusté a mis necesidades", como lo pudimos notar en el presupuesto, el ahorro fue el primer renglón de los gastos y se fue directo a una cuenta, esta práctica nos traerá grandes beneficios tanto en el futuro como en el presente.

Una vez que logremos equilibrar nuestros ingresos y egresos mientras iniciamos nuestra cuenta de ahorros con este 10% mensual, oficialmente podemos decir que tenemos unas "finanzas sanas" ya que estamos hasta cierto punto con las finanzas bajo control, claro, mientras sigamos trabajando y sin descuidar un solo gasto, pero ya llegar a este punto sería un avance considerable antes de conquistar la paz financiera.

Soberbia

El origen latín es *superbia* que significa el que está por encima, y está relacionado con un sentimiento de superioridad frente a los demás.

La definición financiera es gastar gran parte de tus ingresos en comprar cosas para mostrarte superior.

Y también es no aceptar que la situación financiera está en problemas, por orgullo precisamente, tratar de aparentar que te encuentras en una situación financiera de abundancia cuando tal vez no lo sea tanto.

Aquí lo haremos, lo aceptaremos todo, de cualquier manera, este es un camino íntimo, personal y no tiene por qué saber alguien más.

Tus finanzas personales, son personales, se encuentran dentro de los asuntos íntimos en los que, si alguien pregunta:

¿Cuánto ganas como profesionista?
¿Cuál es la utilidad de tu negocio?
¿Qué inversiones tienes?
¿Qué tanto vendes?

Mi manera de responder: "prefiero no hablar de eso, ya que es un asunto muy personal, pero gracias por preguntar", aprender a decir no a lo que no te favorece y a poner límites, es una práctica que puede incomodar a muchos, pero que te va a beneficiar bastante.

Así que, es importante que identifiquemos justo antes de comprar algo, hacernos la siguiente pregunta: ¿cuál es el motivo de que lo compre?

a) Es realmente necesario (dejemos pasar 7 días para confirmarlo)
b) Es algo que me gusta y me hace sentir bien
c) Es para sentirme superior a los demás

Aceptación y Origen

Me ha pasado, estar gastando para aparentar, incluso llegué a adquirir zapatos que se vieran bien, aunque me incomodaran, y pagar un teléfono de la más alta gama, aunque solo fuera a usar 5 *apps*, pero afortunadamente me di cuenta rápido que estaba trabajando todo el tiempo solo para mantener esa apariencia, realmente no valía la pena el precio que estaba pagando, bueno, ya lo acepté ¿y ahora?, pues a identificar por qué estaba haciendo eso y llegué a la conclusión que era por influencia de las personas con las que convivía casi diario, entonces como ellos hacían eso, yo también, era como una inercia por tener y andar como los demás, una necesidad de aceptación social, que una vez la detecté, me empoderé, y ahora todas mis decisiones están basadas en la premisa:

¿Es esto lo mejor para Dios, para mi Familia, para Mí y para mi Entorno?

Si la respuesta es NO, entonces no lo hago, no importando si los demás lo aceptan o no, prefiero estar haciendo las cosas a mi favor que andar siguiendo una corriente o una moda pasajera con consecuencias financieras a largo plazo.

Esta es mi manera de decidir, que tiene que ver con mi cultura, mi formación, crianza, mis experiencias y mi fe personal, las expreso con el respeto que merecemos todos, no con la intención de que las compartas, sino que conozcas mi experiencia personal y mis motivaciones, para que te sirvan solo como una guía para que construyas paso a paso tu estilo de vida basado en tus propias convicciones y motivaciones, eso sí, debemos de coincidir en que cada decisión nos lleve a nuestro Bien Estar.

Trabajar mucho para poder adquirir artículos de lujo que no le dan valor a tu vida.

Y a ti ¿te ha pasado?

Técnica sugerida

Puedes hacerte consiente mediante la observación plena de tus pensamientos y tus emociones justo antes de tomar la decisión de compra.

Si detectas soberbia o la intención de presumir, creo que será momento de reconsiderar ese gasto y mejor enfocarnos en algo más productivo.

El tener una vida rodeada de personas que aprecien más tu ser, que tu casa, auto, celular, ropa o reloj, nos traerá 3 beneficios principales:

1. Mejoras la salud emocional ya que ahora te enfocas en tus valores

2. Aceptas con facilidad tu situación financiera real

3. Tienes tiempo y más dinero en la cuenta

"Al fracaso lo precede la soberbia; a los
honores los precede la humildad"

Proverbios 18:12

Humildad

El origen latín es *humilitas* que significa tierra y cualidad del ser, está relacionada con el tener los pies bien puestos sobre la tierra y con ello, la aceptación de nuestras propias limitaciones.

La definición financiera es aceptar que la situación financiera está en problemas, o si se encuentra estable, aceptar que aún no está en las condiciones que te gustaría.

La humildad nos remueve todas aquellas capas superficiales de pretensión innecesaria, lo que viene a tener un impacto directo en nuestras finanzas.

La humildad nos permite reconocer nuestra situación

financiera real, que es el primer paso para mejorarla, nos permite ver dónde estamos fallando y con toda honestidad aceptar nuestras debilidades, esto nos permitirá irlas puliendo, tanto, que podemos llegar a alcanzar su dominio y convertirlas en nuestras mayores fortalezas.

Reto: Escribir 5 cosas que en los últimos 5 años fueron compradas por soberbia, es decir, que no era tan necesario gastar en algo así y que la intención era presumirle a alguien más.

Sencillo no crees, pues así parece, pero ya en la práctica te recomiendo practiques la sinceridad a tope, ya que esto nos ayudará a obtener el máximo provecho de esta aventura, te lo comento porque la 1era vez que hice el ejercicio, detecté 1 cosa, lo volví hacer y eran 2, pero me sinceré por completo y resultaron que cometí ese acto varias veces, y es que va desde zapatos, reloj, camisa, gorra, hasta auto, casa, viajes, etc., así que a arrastrar el lápiz de la sinceridad.

Es más, te comparto que una vez compré una camisa muy cara y solo la usé una vez, pero se veía espectacular, incluso un reloj y joyas, siendo que no uso reloj ni me gustan las cadenas, pero pues, que te digo, uno tiene que pasar por este tipo de cosas para entender que es más importante andar cómodo y adquirir lo que te gusta a ti y te complace, sin considerar si otra persona lo va a aceptar o sin la intención de sentirte superior a alguien más.

Ejemplo de lista de compras por soberbia:

1.- Ropa
2.- Joyas
3.- Celular
4.- Accesorios
5.- Restaurantes

La soberbia nos lleva a asumir consecuencias financieras como adquirir pasivos innecesarios y recibir el impacto en nuestras vidas al tener que mantener las apariencias o un elevado estilo de vida que requiere de mucha energía y trabajo, la pregunta aquí es: ¿es esto lo que quieres? o realmente te gustaría utilizar todos esos recursos en viajar, emprender, ayudar, invertir o simplemente lo pudieras utilizar para disfrutar de las actividades que más te satisfagan.

Caso más común: Auto de lujo

Cuántos no desean un auto deportivo último modelo, pero, ¿haz medido el precio de andarte moviendo en tanto lujo y deportividad?

Ya nos percatamos que en realidad solo requerimos movernos del punto A al punto B y para eso puedes usar bicicleta, transporte público o cualquier modelo de auto.

Un auto se reconoce como un pasivo porque saca dinero de nuestra cuenta. Diferente sería un auto para uso comercial, entonces como genera dinero, el mismo auto se convertiría en un activo.

Y no es que esté en contra de los autos de gama alta, pero en su debido momento, sobre todo, cuando no tenga un impacto tan fuerte en tus finanzas mensuales, ya que un sacrificio realmente grande por un beneficio tan pequeño de solo moverte de un lugar a otro no merece la pena.

Diferente caso sería que ya te encontraras con múltiples fuentes de ingreso y cubiertas todas tus necesidades, entonces sí, a conducir el auto que más te guste.

Cualquiera que sea un derivado de la soberbia perjudica gravemente nuestras finanzas, ya que nos lleva a gastar nuestro dinero y adquirir pasivos.

Al tener humildad tomamos decisiones más certeras e inteligentes con nuestro dinero, al mismo tiempo que conectas con más personas y muestras tu verdadera esencia. No presumas ni vivas un estilo de vida al que no perteneces, no durará mucho el gusto y si durara muchos años las deudas que adquiriste, no vale la pena, al final sabes que no es muy fértil gastar en apariencias para obtener aprobación, mejor invertir en todo aquello que me haga sentir pleno; además, ¿realmente te interesa comprar un objeto o máquina?, te das cuenta que lo que se presume es lo que hace un objeto como un reloj, auto, celular, casa, tv, barco, etc.

Si se te antoja presumir algo, que sea tu dieta, tus músculos, tus valores, diplomas, tu filantropía, el amor por la familia, el planeta y tus amigos, tu emprendimiento, y te darás cuenta que eso tiene mucho más valor que traer puesta una camisa de usd$2,500, que por cierto también son 100% algodón.

Los beneficios más notables son que tienes más dinero en tu cuenta, tienes menos cosas innecesarias, vives más ligero, tienes más espacio en tu casa y en tu interior, empiezas a tener más tiempo, ya que tienes menos cosas en qué poner tu atención porque ya no hay cosas que darles mantenimiento y gastar en ellas, o que se puedan rayar, quebrar, no tienes que trabajar horas extras o elevar tu nivel de cortisol por obtener la posesión de algún artículo.

Al tener mucho menos pretensiones materiales más calma entra en tu vida y eso, que apenas vamos en la 1er etapa.

"Recompensa de la humildad y del temor del señor
son las riquezas, el honor y la vida"

Proverbios 22:4

II EL 1ER ESCALÓN DE LAS FINANZAS

Ahorro

Para invertir, ¿necesito ahorrar por muchos años?
No necesitas tener dinero ahorrado, ya que puedes pedir un crédito o conseguir inversionistas para un proyecto de negocio.

¿O a poco me vas a decir que los millonarios lo lograron ahorrando?

-No.

Conozco a millonarios que lo lograron sin ahorros (con apalancamiento), pero no conozco a uno solo que no sepa ahorrar, ya que no importa que ganemos 1 millón a la semana, si no sabemos mantener 1 sola moneda en el banco, y ni hablemos de invertir y esperar muchos años para ver los frutos, no duraríamos mucho tiempo con esos ingresos sin tener este imprescindible hábito, de hecho es común encontrar casos de ganadores de lotería que por no tener la capacidad de mantener dinero en una cuenta sin disponerlo durante largos periodos de tiempo, pierden todo en un par de años, básicamente por falta de autocontrol y educación financiera.

Así que recomendamos ampliamente desarrollar esta disciplina, el 1er escalón de las finanzas, querer saltarlo y dirigirte directo a las inversiones, es equivalente a querer multiplicar y dividir sin haber aprendido a sumar y restar, el ahorro es la primaria de las finanzas, las cuales son un proceso de desarrollo interno porque requiere conocerse a uno mismo para poder desarrollar el hábito, y de desarrollo externo porque requiere esfuerzo para cristalizar nuestras metas.

El ahorro es: Guardar una parte de mis ingresos para destinarlo a un objetivo en un futuro.

Por ejemplo, el día 01 de enero me propongo iniciar:

Meta: Fondo de emergencia
Monto: $1,000 quincenal
Plazo: 50 meses

Bien, acabamos de encontrar la definición más completa ya que incluye los 3 elementos principales del ahorro:

1. Guardar una parte de mis ingresos

Es lo que incrementa nuestra cuenta

2. Tiene un objetivo

Es el elemento que nos mantiene motivados y constantes

3. Tiene un plazo

Es la guía que va mostrando nuestro avance

Nuestras metas deben ser realistas y alcanzables, ya que no pretendemos generar frustración sino todo lo contrario, motivación, y esto ocurrirá a medida que vayamos cumpliendo ligeras metas y luego iremos subiendo de nivel paulatinamente, justo como en el gimnasio, vamos levantando peso hasta donde podamos, y luego le vamos subiendo gradualmente más peso y más esfuerzo.

Ahorrar es guardar dinero para cuando nos haga falta y su origen viene de la palabra árabe *Hurr* que significa "libre", tiene sentido no crees, ya que nos libera de algunas responsabilidades en el futuro, ¿de qué tantas? de tanto como hayamos ahorrado.

Curioso es que la palabra alcancía también tiene su origen árabe *kanzîya* que significa "tesoro escondido".

Las respuestas que normalmente escuchamos:

¿Te gusta ahorrar? Sí
¿Y tienes ahorros? No
¿Y el motivo? Pues es que la intención sí la tengo, nomás que no me alcanza y nada me sobra

Reto: Ubicar mis motivos

a) Excesos
b) Lujos innecesarios
c) Falta de orden en mis finanzas
d) No estar ganando lo suficiente
e) Influencias o entorno inadecuados

Continuemos entonces con nuestro objetivo de ahorro: **Fondo de emergencia**

Págate tu primero, esto significa que en cuanto te paguen o

recibas dinero, tomes el 10% antes de realizar cualquier gasto y lo guardes en tu cuenta de ahorros oficial, esa cuenta es la que iremos llenando paso a paso hasta crear un fondo de emergencia de $50,000.

Si lo notas, en el ejemplo del presupuesto mensual se considera como primer concepto el ahorro del 10% e independientemente de que todos tengamos presupuestos completamente diferentes, algo en lo que debemos tener en común es que este debe de ser el primer renglón.

Este fondo, como su nombre lo sugiere, no será utilizado para restaurantes, viajes, ropa, celular, etc., si no para emergencias como siniestros, atención de salud, reparaciones, efectos climáticos y cualquier imprevisto que se nos presente.

Es una buena meta de ahorro no crees, sin embargo, esta es solo una sugerencia de tantas metas que puedes tener a corto, mediano y largo plazo.

Técnicas

Existen más de 1,000 métodos para ahorrar, incluidas creativas aplicaciones, escoge la que más te agrade, a todos nos gusta y motiva una manera diferente de hacerlo, no olvides guardar tus ahorros en una institución financiera regulada para que estén completamente seguros.

¿Qué metas podemos alcanzar a mediano y largo plazo?

- Para un viaje
- Fondo para el retiro
- Educación de los hijos
- Fondo de emergencias
- Un terreno o ampliar mi casa
- Para pagar todas mis deudas

Reto: El juego "cada día una cara diferente"

Descripción:

a) 2 personas en adelante - amigos/pareja/compañeros de oficina/hermanos/etc.
b) 3 dados de 6 caras
c) 1 inscripción al juego: $250 c/u
d) 1 premio: El 1ro que llegue a la meta de los $50,000 recibirá el total de la inscripción
e) Bono: Al que le salga el 6 en los 3 dados en la misma tirada, los demás le regalarán un chocolate o lo que gusten.

Dinámica:

Tomaremos 3 dados y cada día de lunes a viernes los lanzaremos, la suma de los puntos de los dados, lo multiplicamos x 7 veces, y esa cantidad total es lo que registraremos en ese día. El total de los puntos obtenidos en la semana, es la cantidad que tenemos que depositar en nuestra cuenta oficial de ahorro semana a semana.

Con este divertido juego podemos notar que ahorrar realmente puede ser muy divertido, solo tenemos que hacerlo de la manera en la que más lo disfrutemos.

El ahorro es el pilar porque nos permite salir de deudas, desarrolla disciplina, mejorar nuestra situación financiera de manera directa e inmediata y nos prepara para administrar las etapas de abundancia financiera.

Mis 2 instrumentos financieros favoritos de ahorro que son seguros y regulados.

A) Cuenta de ahorros en banco
B) Seguro de ahorro en aseguradora

Comprar inteligente también es una buena forma de ahorrar y para ello apliquemos esta regla de comparar en 3 lugares diferentes antes de hacer una compra grande como electrodomésticos, vuelos, celular, y no aplica esta regla cuando son compras cotidianas.

Múltiples beneficios adquirimos con el hábito del ahorro, ajústalo a tus capacidades para que disfrutemos del proceso.

"Las riquezas mal habidas se acaban rápido, pero el que ahorra las aumenta poco a poco"

Proverbios 13:11

Ira

El origen latín es *ira* que significa enojo y está relacionada con impulsos y coductas agresivas.

La definición financiera es atacar a tu bolsillo por actos impulsivos.

Dicho de otra manera, por actos destructivos que tarde o temprano tendremos que reponer y sabemos de antemano que nadie va a pagar por ello más que nosotros mismos.

Reto: Detectar qué cosas son las que me generan ira.

1. No te valoran
2. Resentimientos
3. Metas sin cumplir
4. Que no me paguen
5. No estar aún en las condiciones que quiero

Consecuencias financieras

Bien, ahora que lo hemos ubicado, hay que reconocer que esto impacta nuestras finanzas y no de la manera más positiva que digamos, ya que este descontrol nos puede llevar a destruir cosas, como aventar la licuadora o el celular a la pared por ejemplo, y pues sinceramente, hay que reponerlos y su costo va directo a la cartera, hay que notar que los artículo en los que más pasa esto, son los que tenemos a la mano, así que, si sientes que inicia un fuego en tu interior, deja de conducir, deshazte de tu celular y aléjate de electrodomésticos.

La ira puede incluso afectar tu salud, y lo que ya sabes, las facturas del médico también impactan tus finanzas.

Por otro lado, pudiera dañar importantes relaciones profesionales,

por lo que es muy conveniente moderarnos en este sentido, ya que

el impacto directo es que hay que asumir pérdidas comerciales.

A su vez, genera asperezas en nuestras relaciones familiares y amistades, y siempre es con los más cercanos, por eso en un momento de ira no debemos de buscar victoria, ni castigo, solo debemos ser sinceros para encontrar una solución a lo que ocasionó ese malestar.

Aquí es cuando reconocemos que realmente vale mucho la pena trabajar cada día en nuestras técnicas preferidas para reducir paulatinamente la frecuencia de ataques de ira y, que mejor que de la mano de especialistas como terapeutas, sicólogos, siquiatras, etc.

Con cada día que mejoremos en este sentido, mejores oportunidades se irán presentando, ya que una mejor actitud es una llave que abre muchas puertas.

Controlar la ira es una muestra de fortaleza, no es contenerla, ya que eso puede perjudicar la salud, controlar es saber descargar esa energía de la mejor manera.

Función de la ira

Es una defensa ante un ataque que parece inminente, aparece de forma rápida y poderosa, tanto que no te da mucho tiempo para reflexionar, es intensa y quema, por eso es que requiere de constante práctica para poder controlarla de manera natural.

Reconoce una injusticia, algo que no es conveniente para ti, hay un motivo por el cual te estás molestando, es importante actuar justo en ese momento y aclarar lo que te hace sentir así, no dejar pasar más tiempo con esa emoción dentro de ti, hay que resolverla de inmediato, hay que expresar las emociones de manera moderada, es decir, usar las palabras adecuadas en un tono de respeto.

Origen

Con la meditación reconoceremos la fuente que desencadena esta reacción, desde mi experiencia personal, el mantenerte quieto, en silencio, en un espacio sin ruidos y enfocando mi atención a responder **¿qué estoy sintiendo?** me ha llevado a identificar cada vez más fácil y más rápido el justo momento en que inicia el fuego de la ira, inmediatamente volteo a ver qué estoy pensando y así es como me doy cuenta de qué es lo que me ocasiona ese malestar o indignación.

Es conveniente encontrar la manera de:

1.- Darte cuenta de ¿qué está iniciando ese fuego en tu interior? y retirarte rápido de ahí.

2.- Evitar que ese momento suceda

Una vez me di cuenta que siempre andaba molesto todos los días porque un par de personas me debían dinero, me decían que me pagaban pronto que no me preocupara y oh sorpresa, pasaban meses y años, entonces decidí dejar de prestar y cuando sentí la paz que eso me trajo, también dejé de convivir con personas que me ocasionaban molestia en cualquier sentido, y me acerqué a personas que veían lo mejor de mí, dejé de ir a lugares donde no me sentía bien, y esto, solo fue el inicio, actualmente estoy enfocado exclusivamente en todo aquello que me gusta y/o que me brinde paz y con toda certeza te digo que esto ha tenido un impacto positivo en mis finanzas.

Los principales beneficios de ir poniendo atención a los impulsos, es que iremos desarrollando cada vez más el autocontrol, ya que al observar plenamente lo que está sucediendo, te anticipas incluso a ese momento y utilizas la técnica que más te agrade para no caer en ese estado, puede ser respirar profundamente y contener el aire, sacar todo el aire y quedarte en ese estado un momento, repetir.

Esto es poner al cuerpo en un estado de atención plena en la respiración, así que obviamente tendrás que olvidar eso de ponerte enojado para atender algo más importante: RESPIRAR, y de eso se trata, de que encuentres la distracción adecuada y que no ponga en riesgo tu salud.

Transmutación del pecado en algo positivo

Usa tu imaginación, hay muchas cosas, y si ya caíste en la tentación de la ira, NO REACCIONES, mejor tírate al piso y empieza hacer lagartijas, sentadillas, vete caminar o correr, es tu momento, es un *shot* de energía y adivina qué, se va ir, así que en vez de descargarla sobre alguien más o sobre uno de tus bienes, mejor aprovéchalo para ejercitarte, para pintar, limpiar tu armario, el auto, bañar al gato, así es, ocuparás esa energía para enfrentarte a un felino mientras intentar bañarlo (suerte con eso).

La falta de autocontrol nos resalta la necesidad de un trabajo interno y un desarrollo de inteligencia emocional, sin duda alguna acompañarnos de profesionales certificados nos lleva a mejorar resultados en todos los aspectos.

Hay una estrecha relación entre las emociones y tus finanzas, entre más pongamos atención mayor avance tendremos en nuestros objetivos y así lograremos ir posicionándonos en un mejor nivel financiero, y tú actualmente ¿en cuál te encuentras? y ¿hasta dónde te gustaría llegar?

A) Ahorros

B) Cero deudas

C) Paz financiera

D) Libertad financiera

Lograr la libertad financiera, que sería avanzar al punto donde no tenemos que trabajar, si es que esa es tu decisión, ya que muchos no buscan eso y es porque realmente disfrutan mucho de su profesión u oficio, significa que tuvimos que pasar naturalmente por todas las etapas anteriores, sí o sí, ¿Y si me gané la lotería? Si no tienes educación financiera, esa pequeña fortuna no te durará mucho, llegarás rápidamente a cero otra vez y tendrás que pasar por todas estas etapas de cualquier forma.

La educación financiera se adquiere estudiando y aplicando, no tiene mucho sentido saber qué es ahorrar si no compramos un cochinito y empezamos a meterle $500 todos los lunes durante 1 año, eso sí es saber ahorrar.

Tampoco sirve mucho ser experto en las 7 inversiones más populares sino te animas a poner los *hot cakes* en forma de gatitos con la receta de la abuela para mejorar tus finanzas, y menos sirve que seas bilingüe porque te fuiste 5 años con tu tía al extranjero, si no aprovechas tus habilidades y talentos para ofrecer tus servicios, y así generar ingresos adicionales para cumplir tus metas de viajar y vestir tus estilos favoritos.

Por otro lado, invertir, emprender, apalancarte, sin educación financiera, se convierte en un camino un poco empedrado, la educación limpia ese camino precisamente al ser una guía muy clara de los pasos a seguir y con el método más sencillo y directo para aplicar eficientemente cada concepto financiero en su debido momento.

Educación + Acción: La clave para prosperar más fácil y rápido.

"El que es lento para la ira es mejor que un hombre poderoso"

Proverbios 16:32

Paciencia

El origen latín es *pati* que significa sufrir y está relacionado con la cualidad de soportar situaciones desagradables, de saber esperar cuando algo se desea mucho.

Es la virtud capital que nos llevará al cumplimiento de nuestras metas, ya que nos mantiene perseverantes a pesar de los retos que se nos vayan presentando en el camino a cumplirlas.

Es imprescindible mantener la paciencia de ir cumpliendo cada paso sin desesperar por el resultado, para ver crecer las semillas que vamos sembrando y para seguir sembrando más acciones con el objetivo de cosechar una vida financiera más tranquila.

¿Cómo desarrollar paciencia?

1. Agradece y aprovecha el momento en el que estás
2. Recuerda el propósito que tienes
3. Maten presente la recompensa

Si actualmente sientes que nos eres tan paciente como te gustaría, no te preocupes ya que esta virtud se ejercita a través de cada situación que te ponga a prueba, y si la resistes, créelo que con el tiempo irás templando tu carácter, tanto para saber esperar, sobre todo cuando sabes que algo ya no está en tus manos, como para saber perseverar en el momento que sabemos que todo está en tus manos. Con esto resaltamos que paciencia no es pasividad, sino capacidad de discernimiento (saber cuándo actuar y cuando no).

Paciencia es espera y es acción.

"Más vale ser paciente que valiente; más vale el dominio propio que conquistar ciudades"

Proverbios 16:32

III EL ARMA DE 2 FILOS

Crédito

El crédito como el permiso para usar el capital de otro, a cambio de una utilidad.

Es una herramienta que nos permite adquirir bienes y servicios, algunos de los cuales no pudiéramos adquirir si actualmente no contáramos con ahorros suficientes, pueden ser una casa, un auto o un refrigerador.

Sin embargo, debemos de ser responsables en el sentido de no solicitar más créditos de los que podemos pagar, ya que esto nos puede acarrear el pago de excesivos intereses y un mal historial crediticio.

Y para conocer nuestra capacidad de crédito nos apoyaremos en la herramienta de poder presupuesto mensual.

Lo que resulte de ingresos menos egresos (considerando el ahorro) esa es mi capacidad de abono mensual a un crédito, es decir que si gano $20,000 y gasto 13,000 + $2,000 de ahorro, entonces te quedan $5,000 libres que se pueden utilizar para abonar una mensualidad con ese tope máximo.

¿Qué porcentaje de mis ingresos le debo destinar al crédito de casa y de auto?

1. Hipotecario – 35% máx.
2. Automotriz – 15% máx.
3. Tarjeta de Crédito – 0%

La tarjeta de crédito es solo una herramienta, debo ser totalero, o sea pagar el 100% antes de cada día de pago mensual y disfrutar de sus beneficios como:

- Promociones
- Meses sin intereses
- Realizar compras en línea
- Domiciliar pagos de servicios

¿Cuáles son los mejores créditos?

Cada vez que voy a adquirir un crédito, me informo bien y comparo tasas, plazos, mensualidades, seguros y comisiones que incluyen, de esta manera adquiero los servicios que realmente necesito.

No tiene caso mostrar una tabla con los mejores créditos hipotecarios, automotriz o TDC porque mensualmente se actualizan todas las condiciones, además de que lanzan campañas promocionales en algunos meses por parte de los bancos principalmente.

Para escoger un crédito, en vez de la tasa anual, se tiene que comparar principalmente el Costo Anual Total (CAT), ya que es la tasa que incorpora la totalidad de los costos, gastos, intereses y comisiones, así podemos comparar manzanas con manzanas, ya que un crédito al 25% anual puede ser mejor que uno al 22% anual pero que sumando comisiones se incrementa al 30% anual.

La herramienta que te recomiendo en México para poder elegir la mejor tarjeta de crédito es la comparativa de costos de tarjetas de crédito que se encuentra disponible en **www.banxico.gob.mx**

La Condusef cuenta también con simuladores, sin embargo, ya que decidas las mejores opciones de crédito para ti, no olvides confirmar esta información directamente en las oficinas de las instituciones financieras, llamando por teléfono, un mail o chat disponible, esto debido a que las condiciones se están actualizando constantemente.

Estas herramientas e información están a tu disposición para cumplir con el Artículo 4 Bis 2 de la Ley para la Transparencia y Ordenamiento de los Servicios Financieros, así que aprovéchalas al máximo.

<u>10 recomendaciones para mis créditos:</u>

1. No prestar la TDC – Corre riesgo tu historial y la deuda
2. No disponer efectivo en un cajero con la TDC ya que te cobran hasta el 70% de interés + el 10% de comisión
3. Ser totalero
4. Solo 1 TDC
5. Utiliza los medios digitales
6. Evitar a toda costa ser aval
7. Hacer tus pagos a tiempo para cuidar tu historial
8. Pon atención a las recompensas: puntos, monederos, millas, regalos, etc.
9. Solo utiliza lo que exactamente requieres
10. Asegúrate que sean asesores financieros certificados

Apalancamiento

Cuando el dinero que solicitamos va destinado a nuestro consumo se llama crédito y cuando los destinamos para invertirlo le llamamos apalancamiento, por ejemplo:

Pides $25,000 para comprar un kit de lavadora y secadora. Esto está muy bien, ya que son electrodomésticos que requerimos, y al ser para nuestro consumo se le llama crédito.

Por otro lado, si tengo un negocio de renta de sillas y mesas para fiestas, y solicito un crédito para comprar y agregarles los manteles y centros de mesa, esto me va a llevar a incrementar el precio de la renta, esto es apalancarse, ya que usas el dinero de alguien más como una palanca para crecer más rápido, y de las mismas utilidades que genera la inversión le pagas a tu acreedor y te quedas con una parte de las utilidades mientras sigues creciendo.

Suena sencillo no crees, sin embargo, es necesario desarrollar la templanza para tener un control total sobre el dinero que se está administrando, y que hay que señalar, no es tuyo y hay que devolverlo con interés, por eso podemos notar que se puede convertir en un arma de 2 filos, ya que es requerido el autocontrol sobre el dinero para poder ser prudentes a la hora de invertir y conseguir multiplicarlo.

Reto: Ubicar todas las deudas que tengamos y no necesariamente de dinero, sino de cosas y hasta favores que hemos prometido pagar de alguna manera, esto porque nuestro objetivo es llegar al punto de encontrarnos sin deudas por fuera y sin deudas por dentro, recuerda que este es un camino hacia la paz financiera, por lo que un desarrollo integral es indispensable.

Deuda 1 – Crédito Casa – Monto: $1,500,000
Deuda 2 – Crédito Auto – Monto: $350,000
Deuda 3 – Un viaje a Mamá – Destino: Cancún
Deuda 4 – Préstamo Hermano – Monto: $5,000
Deuda 5 – Licuadora Vecina – Fecha: Este domingo se la devuelvo y muy limpia.

Una vez que ya las ubicamos, podemos reconocer que, aunque sea mamá, un amigo o familiar, de todos modos, debemos de devolver ese dinero, ya que es por respeto al trabajo que realizaron para obtenerlo, además, nos ganamos la confianza de que, si volvemos a necesitar, seguro no auxilian nuevamente, así que sea cual sea la deuda, manos a la obra en 3 pasos:

Paso 1:
Reconocer cada deuda que tengo

Paso 2:
Ya no volver a pedir prestado ni prometer tan a la ligera

Paso 3:
Ir pagando cada deuda hasta llegar a cero

Deudas a favor

Bien, ha quedado claro que hay que llegar al punto cero con las deudas, sin embargo, es importante señalar que las deudas que alguien más tiene con nosotros también hay que saldarlas, y es que, aunque por fuera tengas un saldo a favor, por dentro tienes un saldo en contra, ocasionándote molestias, distanciamientos, pensamientos y emociones inadecuadas y no simplemente pérdidas materiales.

Debemos poner orden en la otra cara de la moneda, así que a cobrar o a perdonar a los que te deben, así es, perdonar las deudas también es un camino de liberación, pero solo tú sabrás quien merece que le dones el fruto de tu trabajo.

Reto: Ubicar todas las deudas que tienen contigo.

Deuda 1 – Mi Mamá – $3,000

Deuda 2 – Amigos - $8,000

Deuda 3 – Vecino – La aspiradora

La pregunta es cuáles deudas voy a cobrar y cuáles voy a donar, obvio la de mi Mamá está más que donada, de cualquier forma, no tengo manera de combatir el argumento "tú me debes la vida" así que ¡donado! aunque siento decirles que los demás no correrán con la misma suerte, es lo justo.

Paso 1:
Reconocer cada deuda que tienen conmigo

Paso 2:
Cobrar o donar

Paso 3:
No prestar y no ser aval.

El día que lo hagas, mejor dónalo, es importante que no te lleves una decepción y eso te lleve a que mantengas una emoción negativa durante mucho tiempo, no vale la pena, tienes que aprender a decir que no, una vez que lo logres, muchas personas se retirarán de ti, nuevas se acercarán y la paz se expandirá más en ti, ya que no buscas satisfacer a los demás, sino a ti mismo.

Si no tienes para regalar dinero, no prestes.

Cada vez que alguien te pida prestado y cada vez que quieras tú pedir prestado, eso implica una responsabilidad, por eso mejor pregúntate:

¿Hacer esto, me va a brindar paz o me la va a quitar?

Recuerda que, tanto en el pecado como en el crédito, disfrutas primero y pagas después.

"Los ricos son los amos de los pobres; los deudores
son esclavos de sus acreedores"

Proverbios 22:7

Gula

El origen latín es *gula* que significa garganta, está relacionada con la incapacidad de controlar el consumo de comida y bebida.

La definición financiera es el gasto excesivo en comidas y bebidas.

Todos tenemos momentos en los que podemos decir que hemos comido o bebido mucho, y nuestras finanzas son testigo de ello, sobre todo los domingos, o en nuestro día de descanso, sin embargo, todo esto resulta dentro de lo razonable, el detalle sería que nos comportáramos así, como si todos los días fueran domingo.

Reto: Detectar esas fugas por descontrol en la alimentación, serían todas aquellas compras en comida y bebidas que estén fuera de las 3 comidas oficiales que tenemos en el día. Al final de la semana sumaremos el monto total que gastamos bajo concepto de Gula.

Lunes:

Martes:

Miércoles:

Jueves:

Viernes:

Ejemplos

Me fui a la oficina sin desayunar y sin lonche, para las 11:30 am alguien por ahí preguntó que si a quién le toca ir a la tienda y pues pides unas frituras, cuando ya casi estás por salir, llega la señora de las empanadas y pues le pides nomás 1 (tú sabes que le pides más) y llega la hora de comer, pides nuevamente a la oficina y ya al salir y rumbo a casa, obviamente Don Chuy puso su estanquillo de raspados justo en la pasada y pues ya sabemos la bonita relación que tenemos con el Sr. al menos 3 veces a la semana.

Llegó el fin de semana, ¡por fin! es la exclamación de las taquerías y los sushis, porque saben que ahí va parar lo que queda de la semana.

Gastar en comida en la calle o pedirla es bastante sencillo, desde tu *app* y con un solo *swip* puedes caer en esta comodidad más veces de lo necesario, algunas veces comemos más *snacks* de lo debido, lo que al mismo tiempo afecta a nuestro cuerpo.

Determinar y respetar la hora de las comidas mejorará nuestras finanzas y a nuestra salud al mismo tiempo, además que abona al desarrollo de la virtud que nos llevará a dominar esta práctica, la templanza.

Sin duda alguna el entorno nos influye, y casi sin darnos cuenta, sobre nuestros hábitos de consumo, nos impulsa a repetir el consumo de los demás, incluso pudiéramos llegar a caer en consumir algo solo por encajar socialmente, pueden ser botanas, bebidas, cigarros, etc., cuando en realidad en tu interior estás aspirando a una vida más sana. Así que ahora imaginemos que estamos conviviendo con personas que les gusta el deporte, están tonificados, cuidan sus comidas y moderan las veces que se van a la fiesta, inevitablemente cuando menos pienses, ya estarás compartiendo esos sanos y nuevos hábitos.

Resaltemos el hecho de que algunas decisiones que tomamos en el día están siendo influenciadas por las personas con las que interactuamos y aunque la mayoría tenga la práctica recurrente de tener ciertos hábitos de consumo o preferencias sobre ciertos productos, eso no significa que sea lo más adecuado, y justo nosotros podemos ser los primeros en poner el ejemplo de una mayor calidad de vida y solo con sencillos ajustes, además, sinceramente en mi caso, cuando dejé de comer tantos snacks, sobre todo los de media mañana y la tardecita, me percaté que cuando llegaba la hora oficial de la comida, pues lo disfrutaba mucho más.

Antes de comer o beber fuera de lo normal, pongamos atención al motivo por el cual lo estamos haciendo, te darás cuenta que puede ser por uno de los 3 motivos principales que a continuación puntualizamos o cualquier otro en particular.

Una vez lo notes, tendrás que observar más al fondo en cuál es el motivo por el cual se genera esa ansiedad por consumir y pueden ser asuntos familiares, financieros, amorosos, etc.

Aceptación y Origen

1.- Estrés y/0 ansiedad

2.- Frustración

3.- Depresión

Sugerencias

Puedes cocinar en casa más seguido usando tus recetas favoritas, aprendiendo con tutoriales en internet o pidiendo apoyo a una amiga o amigo chef, y así te relajas, ya que cocinar también es terapéutico y si lo haces acompañada de otra persona o de la mascota que adoptaste, pues más interesante aún.

El tener una vida más tranquila y con una mejor dieta, acompañada de tu nutriólogo certificado, nos traerá 3 beneficios principales:

1. Adelgazas
2. Mejoras tu salud
3. Y por consecuencia más dinero en la cuenta

Las consecuencias financieras pueden llegar a ser tan altas como que se te esté yendo el 50% de tus ingresos bajo el concepto gula.

Transmutación del pecado en algo positivo

Cada vez que te de ansiedad por comer, tómate un vaso con agua, y la próxima vez, cómete una manzana, uno de los grandes beneficios es que cuando llegue el momento oficial de la comida, lo haremos con muchas más ganas y durante ese lapso entre una comida y otra, nos iremos nutriendo y mejorando la salud.

"El borracho y el glotón se empobrecerán, y la somnolencia se vestirá de harapos"

Proverbios 23:21

Templanza

El origen latín es *temperantia* que significa moderación de carácter, está relacionado con el dominio propio en pensamientos, palabras y acciones, así como tener equilibrio en todas las áreas de la vida, aunque sea un desafío para todos, aprender a moderarnos incluso en las cosas buenas como la comida, el dormir, la recreación, y las relaciones interpersonales, nos lleva a mantenernos en un centro donde pueden ser atendidas todas tus necesidades en su justo tiempo y medida.

Resulta un arte la templanza, es una virtud que se desarrolla a través del hábito diario del autocontrol en cada decisión que se toma, no nos limita, solo nos ayuda a poner orden.

La paciencia como aceptación de las circunstancias y la templanza como la moderación en nuestras acciones, esta es la manera en que podemos diferenciar entre estas 2 virtudes.

La templanza nos invita al equilibrio, a moderarnos en los deseos desenfrenados sin llegar a la completa abstinencia, sino que nos invita a desarrollar un placer más en control, con responsabilidad, donde tú decides cuándo, cómo y hasta qué tanto, nos ayuda a controlar los deseos y evita que los deseos nos controlen.

Se trata precisamente de disfrutar a plenitud, ya que al tener controlados tus deseos, cuando llega el momento se multiplica el gozo, por ejemplo, si tu comida favorita es pizza, realmente disfrutarás más una pizza cada 15 días que una diaria.

Igualmente ocurre con las fiestas, disfrutamos más si vamos un par de veces al mes, que, si tuviéramos 10 eventos, incluso, llegaría el momento en el que hasta te resultaría cansado.

Esto precisamente es lo que ocasionan a la larga los excesos, provocan que pierdan prácticamente el efecto de lo que antes disfrutábamos, ¿y qué hacer para recuperar ese goce?, regular las veces que se satisface el deseo, eso es templanza, decidir a consciencia cuándo sí y cuándo no voy a satisfacer un deseo, cuando lleguemos a ese punto, es cuando podemos decir que hemos conquistado la virtud capital con la cual combatiremos al pecado a vencer.

Porque no se trata de dejar de gozar, sino de gozar mejor, buscando cuidar nuestro cuerpo y nuestras finanzas.

Los deseos sin control se pueden considerar como grilletes que nos mantienen esclavizados y drenando nuestra energía y las finanzas, la templanza es un medio para lograr la independencia en todo sentido.

"Porque no nos ha dado Dios espíritu de cobardía,
sino de poder, de amor y de dominio propio"
2 Timoteo 1:7

IV EL PECADO DE LOS PECADOS

Esta etapa del camino la iniciaremos con el pecado ¿por qué? ya te irás dando cuenta de la importancia de iniciar el recorrido de esta nueva ruta con este tema.

El origen latín es *pigritia* que significa flojo, lento para actuar y está relacionado con postergar lo que de todos modos tengo que hacer.

La definición financiera es, tirar el tiempo es tirar el dinero.

Y es que la pereza tiene que ver con que no estás aprovechando el tiempo y no es que tengamos que estar generando dinero siempre, sino que al aprovecharlo en cualquiera de sus variantes como estudiar, ejercitarte, alimentarte sanamente, practicar deporte, visitar a un amigo o familiar, escribir, tocar un instrumento, todo esto, aunque no esté generando capital directamente, sí está teniendo un impacto positivo en nuestras finanzas y ahora, imagínate si deliberadamente enfocamos ese tiempo en generar ingresos.

¿Qué tanto va a crecer mi cuenta?
Tanto como aprovechemos el tiempo.

Reto: Las 3 actividades que más me quitan el tiempo

Actividad: Celular

Tiempo: 4 horas diarias

Actividad: Plataformas de *streaming* (películas, videos o música)

Tiempo: 2 horas diarias

Actividad: Juegos online

Tiempo: 3 horas diarias

¿Si te dijeran que solo tienes 500,000 horas de vida, lo seguirías desperdiciando?

Es claro que el tiempo que tenemos de vida es el recurso más valioso, para que te des una idea, 500,000 horas equivalen a poco más de 57 años de edad, piensa en este dato cada vez que te veas desperdiciando horas en el celular, TV o cualquier otra cosa, vas a ver cómo vas a ir ajustando ciertos malos hábitos traga tiempo.

Nótese que aspiramos a tener una vida mucho más prolongada que este ejemplo y por qué no, hasta de 1,000,000 de horas y de mayor calidad.

Y en finanzas el tiempo es dinero, por eso este es el pecado capital de los pecados capitales de las finanzas, *NO PAIN NO GAIN*, tienes que tomar acción, pagar las deudas, ahorrar e invertir requieren de dinero, disciplina y paciencia.

Aunque nos aprendamos todo este libro o la biblia si tú quieres (por cierto, hay personas que sí se la saben), lo importante es PRACTICARLO, por eso vamos adquiriendo habilidades al ir ejecutando acciones precisas en cada uno de los retos, lo que está fortaleciendo mi voluntad de lograr cada meta, no importando el esfuerzo o el plazo que se requiera.

Las consecuencias de la pereza son muy sencillas, de hecho, es nada más una:

$0.00

Así es, por eso es el pecado de los pecados, el mayor error de las finanzas.

Podemos definir sencillamente a las finanzas como la **administración del dinero**, o sea, primero ocupamos dinero para después tener algo que administrar, y para ello hay que trabajar en algún lugar o emprender, o las 2 cosas, y definitivamente nos tiene que gustar para que nos motive a ir logrando nuestras metas.

Transmutación del pecado en algo positivo

Justo en el momento en que te atrapaste tirando flojera, ahí mismo lo vamos a cambiar por ponernos hacer lo que decidimos que es lo que nos gusta y en eso vamos a trabajar, lo que inevitablemente nos empezará a traer ingresos a nuestro bolsillo.

Los principales enemigos son el celular, la cama, la tv, el refrigerador y aquellas relaciones que solo invitan al ocio, no hay que procurarlos mucho de lunes a viernes, estas relaciones son las mejores para el fin de semana, mientras que, por otro lado, podemos procurar entre semana aquellas relaciones que nos motiven a ser más productivos. Es como cuando quieres ir al *Gym*, pues júntate con tu amiga que va en la tarde de lunes a viernes.

Pudiéramos decir que trabajamos toda la semana, pero que no nos alcanza el dinero, he ahí el secreto del porque tiene que ser algo que ames con todo tu corazón, es porque tenemos que dar el EXTRA para mejorar la situación financiera o cumplir más rápido tus objetivos.

Los beneficios son muy notorios cuando aprovechamos nuestro tiempo, son frutos muy sabrosos que crecen pronto y con la rapidez del empeño que le pongamos a cada día, nuestras arcas se llenan y nuestro patrimonio crece y con ello vamos puliendo nuestros talentos mientras se llena de satisfacción mi interior al compartir mi trabajo con los demás y sin duda, llegará en algún momento el reconocimiento, sobre todo si te esmeras con ética en tu oficio o profesión.

Hacerlo con gusto hace la diferencia

En vez de estar esforzándote y destinando tu energía a ir al *Gym* a fuerzas, diario, a cumplir una rutina y con un instructor presionándote cada minuto, además de tener que subirte a la caminadora que ni te gusta por 30 mins., cuando puedes obtener el mismo resultado yéndote a jugar futbol a la cancha con tus amigos o ponerte los patines con tu amiga yéndote al botánico de tu ciudad y hasta por el triple de tiempo.

De eso se trata la pereza en realidad, de que tenemos que prestar atención a que hay formas agradables de obtener el mismo resultado.

Una vez que ubicas tus preferencias únicas, todo resulta más agradable.

"Pobre es el que trabaja con mano negligente, más

la mano de los diligentes enriquece"

Proverbios 10:4

Trabajo

Su origen latín es *labor,* que significa obra, está relacionado con ponernos en acción y ser productivos, ya que esa es la clave, ser útil, entre más valor ofrecemos a nuestra sociedad, mayor remuneración obtenemos, y esto, se deriva del reconocimiento de nuestro esfuerzo.

Eso de estar trabajando 12 horas diarias no es muy atractivo, sobre todo cuando lo que haces no es lo tuyo, o sí, pero no estás en el ambiente indicado.

Tenemos que considerar que es muy importante dedicarnos a algo que disfrutemos y normalmente es cuando sabemos hacer algo bien o algo nos gusta, este es el principal faro a seguir para desarrollar tu propio proyecto, este es el paso 1 para hacer ese cambio de trabajar en un proyecto que me da pereza a uno que me motiva a despertar cada mañana, cuando lo tengas, entrarás al mundo donde te gustan los lunes.

El origen de la pereza algunas veces es porque no tenemos una actividad que nos apasione, entonces tú mismo decide qué es lo que te motiva y trabaja en ello, es donde más resultados vamos a dar.

Por otro lado, si sentimos que sí estamos motivados, pero sientes que te falta energía, hay que considerar que una dieta con nutrientes cada día, ejercicio moderado y sueño de calidad nos apoyarán bastante en el camino.

Nota especial

No es necesario que inicies una empresa, eso no es para todos, ya que a algunos nos gusta ganarnos la vida a través de lo que aprendimos como Maestros, Médicos, Carpinteros, Ingenieros, Arquitectos, Cosmetólogas, Pescadores, Agentes de Seguros, Enfermeros, Diseñadores, Programadores, Jardineros, etc., y nos puede gustar mucho nuestro trabajo en una empresa o institución y eso también está muy bien, trabajamos en la estabilidad de nuestras finanzas, recordemos que vamos tras las llaves de la paz financiera.

Solo hazlo, no importa que esté pasando, solo hazlo cada día y de manera constante.

El trabajo requiere un esfuerzo físico, mental y emocional, se realiza porque se busca alcanzar un claro objetivo, lo que lo convierte en una virtud es que, si conquistamos esta disciplina, recibiremos inevitablemente dulces frutos acompañados de satisfacción interior real y duradera.

La magia de esta virtud es que, si deseas salud, un cuerpo delgado, tener un diploma, saber nadar, tocar la guitarra, hablar inglés, tener paz financiera, tener libertad financiera o lograr salvar a todos los gatitos de tu ciudad, aquí está la lámpara maravillosa que nos cumple, no solo 3, sino todos esos deseos y muchos más, se llama TRABAJO y de la mano de Dios y de un plan inteligente, iremos logrando cada uno de nuestros propósitos.

Muchas personas viven engañadas deseando que alguien las haga felices, alguien les haga las cosas, alguien les pague, alguien les regale, alguien, alguien y si no se presentan las condiciones en las que desean estar, culpan adivinen a quien, a "alguien".

He notado que algunas veces dejaba cargas en los demás que me correspondían a mí y pude hacer esto consciente porque me di a la tarea de observarme y poner atención a qué es lo que me correspondía hacer a mí para lograr obtener lo que tanto quería, así que asumí mis responsabilidades y manos a la obra, escribí mis metas y empecé a trabajar en ellas, sin más pretextos, como esta, precisamente:

Escribir un libro que de manera sencilla me lleve a conocer lo más importante de las finanzas personales, y que al aplicarlo mejore considerablemente mi vida y la de los demás.

Pues aquí está, primero llevó mucho enfoque en un solo punto y constancia durante décadas para especializarme y certificarme en una materia. Luego, a trabajar con constancia para cristalizar esas ganas de escribir mi propio libro de finanzas y solo después de unos años escribiendo, pude lograr esta meta de mediano plazo.

Esta es una de las metas que ha sido lograda con las herramientas y habilidades que aquí vamos ejercitando, y es una manera de mostrarte con hechos el resultado de aplicar el trabajo, tú decides si trabajas de manera mental, física, emocional o espiritual, desde una computadora o una montaña, con trabajo nos referimos a enfocarnos en una actividad de provecho.

La virtud del trabajo viene acompañada de adquirir la responsabilidad de nuestro cuerpo, nuestra mente, nuestras emociones y del estilo de vida que nos gusta.

La virtud del trabajo es un deleite, sobre todo cuando sabes que apoyas en alguna medida a la sociedad, a la economía, a tu familia y a cumplir tus metas, nos hace sentir bien, por eso la importancia de trabajar en actividades que nos gusten, ya que cualquier trabajo que hagamos debe ser realizado con excelencia.

Es muy importante que en este mundo todo funcione de una manera ordenada, sustentable y en armonía, para ello es imprescindible que todos hagamos algo diferente para poder complementarnos, así que no hay actividades o trabajos más importantes que otros. Todos somos uno.

"Hagan todo con Amor"
1 Corintios 16:4

Inversiones

Ya con el presupuesto mensual y claras tus metas de ahorro, vamos a entrar al interesante mundo de las inversiones.

La diferencia entre ahorro e inversión, es que en la primera solo tienes el dinero guardado, sin riesgo y a tu disposición todo el tiempo, pero sin ganancia.

Por otro lado, una inversión implica asumir un riesgo, esperando una ganancia en el futuro y sacrificando la disposición de tu dinero por un periodo de tiempo, y a mayor riesgo, mayor ganancia.

Te sugiero que inviertas tus ahorros, ya que existe un fenómeno económico llamado **INFLACIÓN**, que es el aumento generalizado y sostenido de los precios. <u>Ejemplo:</u> este año los tenis que me gustan valen $900, y el año próximo los mismos tenis valen $1,000 y el siguiente $1,100. Esto es la inflación y el impacto lo sentimos por el hecho de estar ganando lo mismo cada año, por eso insistimos que las finanzas personales buscan que estemos siempre sobrados en nuestro estilo de vida.

Así que hay que invertir los ahorros para que no pierdan poder adquisitivo, pero ¿dónde?
Existen más de 1,000 productos de inversión, así que en este capítulo hablaremos de los más populares y al alcance de todos, solo que antes de eso hay que conocer tu perfil de inversionista.

¿Qué tipo de inversionista eres?

<u>Conservador</u>
No arriesgas tu capital, por lo tanto, obtienes poco rendimiento, a veces menor o igual a la inflación.

<u>Moderado</u>
Pones en riesgo solo una parte, manteniendo la mayoría segura, obtienes ganancias ligeramente por encima de la inflación.

<u>Arriesgado</u>
La mayor parte la arriesgas con el fin de obtener el mayor beneficio posible, obtienes ganancias muy por encima de la inflación o minusvalías (pérdidas).

Las 3 variables que debemos de considerar al momento de invertir son:

1. <u>Plazo:</u> El tiempo que estás dispuesto a no tener tu dinero disponible

2. <u>Rendimiento</u>: El interés que te van a pagar (menos las comisiones)

3. <u>Riesgo</u>: Qué garantía te ofrecen de que tu capital está seguro

Una buena inversión tiene que superar la inflación anual, ya que a partir de ahí es cuando realmente estás empezando a ganar dinero.

1.- CETES

La forma más segura de ser inversionista.

Podemos adquirirlos en **www.cetesdirecto.com** es una plataforma donde tienes acceso a los certificados de la tesorería emitidos por el Banco de México, sin intermediación de la banca y no cobra comisiones, yo utilizo la App desde mi celular, la recomiendo ampliamente.

Plazos: 28, 91, 182 y 364 días
Monto: Desde $100
Rendimiento: Cubre la inflación
Riesgo: Muy bajo, ya que el gobierno lo respalda y no podemos decir cero riesgos, porque nada tiene cero riesgos.

Tasa: Fija (desde un inicio sabes exactamente cuánto vas a recibir al final).

Interés compuesto

Tanto en Pagaré, Cede y Cetes podemos aprovechar el juego del interés compuesto, donde si tenemos paciencia, disfrutaremos de su fuerza multiplicadora, ya que, si no retiras los intereses de tus inversiones, estos se van a capitalizar (sumar al capital inicial) y sobre ese nuevo monto mayor, se va a reinvertir y generar nuevos intereses.

Es decir, los intereses también van a producir nuevos intereses. La clave está en el tiempo, para que sea efectivo tiene que ser a largo plazo.

Pero invertir en los bancos es riesgoso, ya vez que quebró el Banco Famsa en México.

Al contrario, el riesgo es muy bajo, ya que estás protegido por el IPAB hasta 400,00 UDIS. Esto significa, que a pesar de que haya quebrado el banco, el gobierno inmediatamente liquidó a todos los clientes inversionistas, y ¿cómo estoy tan seguro?, pues porque yo mismo recibí un cheque del IPAB por el monto que tenía invertido, así es, invertí una parte de mis ahorros ahí porque la tasa era la más atractiva en ese momento y ¡oh sorpresa! que me despierto sabiendo que el banco se había declarado ante un tribunal en banca rota, pues llegó el momento de saber si realmente estaban seguros mis ahorros, fui al banco y me mandaron directo al IPAB, hablé con ellos y me enviaron un cheque a mi domicilio, el cual posteriormente deposité en otra institución bancaria.

Solo tengo cosas buenas que decir del IPAB, viví la experiencia y fue positiva, a esto me refiero precisamente con que debemos de dejar nuestros ahorros en instituciones financieras certificadas, lo hice y lo seguiré haciendo, el resultado de mi trabajo, así como mi tranquilidad lo vale, lo resalto porque muchas veces pudiéramos caer en la tentación de inversiones con altos rendimientos disfrazadas de "oportunidades" cuando no hay una garantía de nuestro capital. Confirmemos que sean instituciones reguladas.

2.- Bienes raíces

Rentas

Comprar una casa, local comercial o departamentos, y rentarlos, es atractivo porque al ser un bien raíz tiene una plusvalía que naturalmente cubre la inflación, adicional a los ingresos que recibimos de las rentas mensuales, claro, a eso hay que descontarle los gastos de mantenimiento e impuestos que conlleva el administrar un inmueble, aun así, pudiéramos estar teniendo un rendimiento anual de un 7% a un 10% anual aprox.

House Flipping

Por otro lado, está la técnica del *house flipping* que es adquirir una casa, remodelarla y venderla rápidamente.

¿Me conviene comprar una casa mediante una hipoteca para rentarla?

Para saber si es conveniente recuerda que puedes rentarlo de acuerdo a lo sugerido en el sector inmobiliario, de un 0.5% al 1% del valor total del inmueble.

Ejemplo:

Valor inmueble: $1,000,0000

Renta mensual: $7,000 (0.7%)

Un crédito a 20 años, te quedaría en esos 7k, dando un 25% de enganche.

Por lo que la conclusión es que no te deja margen de utilidad cada mes.

¿Cuándo empiezo a obtener ganancias? Cuando la propiedad se paga y los ingresos por la renta ya no se van al crédito hipotecario. Riesgo: Bajo, digamos que es la recompensa por administrar las rentas de una casa por 20 a 25 años.

Esta práctica de adquirir una hipoteca para que se pague sola a través de las rentas y además me deje utilidad, no aplica en México, sólo en EE UU y actualmente ya no es tan fácil.

3.- Fibras

Los Fideicomisos de Infraestructura y Bienes Raíces (Fibras) cotizan en la Bolsa Mexicana de Valores (BMV).

Tu dinero lo invierten en inmuebles como plazas comerciales, edificios corporativos, de vivienda, escuelas, hoteles, etc., y se rentan. Los ingresos se reparten entre los inversionistas.

Actualmente existen más de 15 fibras donde puedes invertir como Fibra Hotelera Mexicana (Fiho), Fibra Shop, Fibra Uno (FUNO) y Fibra Mty y puedes consultar plataformas digitales que las comercializan.

Puedes ingresar a **www.amefibra.com** para conocer los rendimientos de cada una.

Usualmente los fideicomisos concentran varias propiedades, de esta manera, se disminuyen los riesgos de perder la inversión. Por ejemplo, si alguna propiedad sufre algún daño por un desastre natural y no da rendimientos, las demás propiedades continúan generando ingresos, de esta manera la Fibra no pierde tanto valor y los inversionistas siguen reciben dividendos. Están bien diversificados.

La redistribución de los dividendos es de manera continua, ya que el 95% de la utilidad es distribuida de manera trimestral, algunas fibras de manera mensual.

Además, debes saber que tiene beneficios fiscales según la Ley de Impuesto sobre la Renta (Art. 223 y 224), con lo que no debes pagar ISR.

Montos: Desde $100

Riesgo: Bajo a moderado

Tu capital está garantizado por los mismos inmuebles sin embargo las utilidades dependen de que se renten.

4.- Acciones

Monto: Desde $100,000 en una casa de bolsa, también puedes invertir en acciones desde $20 (fracciones de acciones) en plataformas digitales, la diferencia radica en que en las casas de bolsa estás acompañado de un asesor financiero certificado que te va orientando todo el tiempo.

Rendimiento: Cada acción, que es una parte de una empresa, se comporta diferente, es 100% variable, tu capital puede sufrir tanto ganancias como minusvalías de un día a otro. Por eso si deseas entrar al mundo de las acciones, si no tienes mucha experiencia en análisis financiero de los reportes trimestrales de cada empresa en la que quieras invertir (así es como se eligen las mejores), te recomiendo un buen fondo de inversión, como lo es el Standard & Poor´s 500 (S&P 500), que es un fondo indexado a las mejores 500 empresas de alta capitalización en EE. UU, en promedio pudiera estarte brindando un 10% anual, este fondo es una representación de la economía de los EE UU.

Riesgo: Es moderado, sobre todo si decides invertir en empresas sólidas y con buenos reportes, sin embargo, en una crisis como podrás notar, el valor de los activos puede caer, por lo que tu capital se puede ver reducido. De igual manera, aquí no hay pérdidas hasta que vendes tus activos y hay que saber el momento, por ello un asesor financiero certificado siempre debe estar a tu lado.

Plazo: Las acciones son muy líquidas, sobre todo las de empresas grandes y estables, eso significa que las puedes comprar y vender fácilmente, así que en el momento que quieras recuperar tu inversión lo puedes hacer rápido, sin embargo, te recomiendo que las dejes unos 3 años mínimo ya que este tipo de inversiones están pensadas para mantenerlas durante plazos de 5 a 10 años. **Mientras más tiempo conservemos nuestras inversiones en bolsa más probabilidad tendremos de ganar.**

5.- Un libro / producto digital

Percibirás ingresos en forma de regalías, derechos de autor, volumen de ventas y todas estas comisiones se producirán de manera automática. Suena muy bien no crees, pues lo es, la clave está en que tu libro te apasione, tengas experiencia y dominio en el tema y realmente aportes mucho, mucho valor, sobre todo por respeto a la inversión que el lector realizó en tu obra, y si logras un impacto positivo, ya verás que compartirá su experiencia.

Desarrollar un curso digital sobre un tema, la clave es que realmente lo conozcas y que ayude a mejorar la vida de los demás, también un ebook, podcast, blogs, fotografía, aplicaciones, desarrollo web, diseños o contenido en redes.

6.- Criptomonedas

Pusimos este punto por su gran popularidad, sin embargo, no recomendamos este tipo de activos ya que hay un alto riesgo de perder tu dinero por su alta volatilidad, los precios suben y bajan bruscamente de un momento a otro.

El valor de esta moneda no depende de la producción de bienes o servicios, no está respaldada por oro, diamantes, materia prima, ni por algún otro activo.

Le decimos activo a la cripto, pero en realidad no produce nada, a diferencia de una acción, que es un papel que representa a una parte de la empresa donde muchas personas están trabajando todos los días produciendo algo.

No solo su oferta y su demanda son los factores que soportan su precio, sino que detalles, como comentarios de un empresario, un video escándalo, una relación, la decisión de un gobernante en un país, entre otras cosas, pueden llegar a provocar que se pierda en un momento buena parte de tu patrimonio.

Tu salud emocional varía con las subidas y bajadas tan bruscas. Todos aquellos activos que puedan provocar consecuencias en la salud de tu corazón no las recomiendo por estos motivos.

Seguramente las cripto evolucionarán y el mercado les tomará mayor confianza con el tiempo, además sumado a la mayor aceptación que se está dando a nivel global no pasarán muchos años en que se estabilice su valor, el cual, aunque no produce, digamos que lo adquiere el mercado por la aceptación y facilidades que otorga al realizar transacciones financieras, rápido y con un sistema seguro (blockchain), ese es su valor precisamente, sin embargo, en este momento, no es el momento para arriesgar nuestro fondo de pensión en este neo activo virtual.

7.- Negocios

El riesgo en este tipo de inversión depende de que tanta capacidad de ejecución tenga el emprendedor, de que conozca bien su negocio, su mercado y tengan un plan de negocios integral.

Aquí no hay rendimientos garantizados, todo tu capital está en riesgo, se llama capital semilla, no hay plazos, sin embargo, es la inversión que más multiplica tu dinero, sobre todo si el negocio es tuyo, la contraparte, es que hay que dedicarle tiempo y esfuerzo y esperar 3 a 5 años al menos para retirar utilidades.

También puedes invertir en el negocio de alguien más que ya esté funcionando y compartir las utilidades que se generen.

Si deseas invertir tus ahorros en 1 negocio que sea completamente tuyo, más adelante entraremos a un terreno donde recibiremos herramientas para construir nuestro propio proyecto y justo a la medida.

5 recomendaciones oficiales para tus inversiones

- No inviertas hasta conocer por completo el producto.
- Diversifica, no pongas todo tu dinero en un solo activo.
- Mantén el dinero invertido el mayor tiempo posible para que madure.
- Si algo parece demasiado bueno o supera el 10% de rendimiento anual sin riesgo, pon mucha atención y consulta si es una institución regulada.
- Para ser inversionista experimentado hay que invertir constantemente.
- No esperemos ganar todas y ganar siempre, el éxito en las inversiones es que sean más las que ganemos.

Si la suma de todo lo que están generando tus inversiones sin tener que trabajar, genera lo suficiente como para cubrir todos tus gastos mensuales, esto sería lo que conocemos como libertad financiera.

La administración es la clave para la paz financiera, la inversión para la libertad financiera.

"Coloca tus inversiones en siete u ocho lugares,
porque no sabes que mal pueda venir"

Eclesiastes 11:2

V MI MODELO DE NEGOCIO

Business Model Semilla de la Vida

Este capítulo seguro nos motivará a generar ingresos adicionales transitando siempre el camino que es bueno para nosotros y los demás, de esta manera garantizamos el alcanzar paz y satisfacción.

Gastar menos y ahorrar más nos permite alcanzar el punto de equilibrio, o ese momento donde ya tenemos en balance nuestros ingresos y gastos, sin embargo, son los ingresos adicionales los que nos van a llevar a lograr la paz financiera, ese momento de plena estabilidad, cuando por fin se fue el estrés de las cuentas mes a mes, aunque aún tengamos que trabajar, de igual forma, ya lo hacemos con muchas más ganas.

La mejor manera de ahorrar, es con ingresos adicionales. Y para generarlos es necesario elaborar un plan antes de emprender cualquier acción, de esta manera incrementamos las probabilidades de que salgan mucho mejor las cosas.

Un plan de negocios profesional realmente conlleva bastante tiempo, dedicación e investigación, contiene elementos como encuestas, estudios de mercado, análisis financiero, operaciones, producción, mercadotecnia, proyecciones, estructura organizacional, costos, impuestos, sistemas, contabilidad, entro otros puntos, incluso hay asesores financieros especializados en este tipo de planes integrales, pero aquí no abundaremos en ello, sino que mejor, te comparto este sencillo método que será la columna vertebral de tu proyecto, donde una vez llenes los espacios con tus propios elementos, formaremos un cuerpo completo a tu idea.

Ocupamos elaborar un plan así estemos pensando en fabricar productos, crear una tienda online u ofrecer servicios, este formato es un lienzo para plasmar la esencia de tu negocio, nos apoya a crear desde nuestras virtudes, describiendo solo las ideas más importantes y de mayor impacto, ya que estamos a punto de darles vida.

Una vez que lo termines ya podremos iniciar, y a medida que vayas avanzando tendrás la oportunidad de robustecer tu idea con tantos estudios y datos adicionales que requieras, entre más aspectos consideres mucho mejor.

Este es un molde modelo llamado semilla de la vida, ya que fue diseñado para tomar tu esencia y tus mejores ideas con el objetivo de iniciar y construir desde el origen, un proyecto de negocios que sea claro y sencillo, tanto, que lo puedas explicar en 10 palabras.

Te comparto, los pasos esenciales para que puedas elaborar el tuyo, yo ya hice el mío también, de hecho, lo usaré como ejemplo para demostrar cómo es que desde cero y siguiendo el Business Model Semilla de la Vida, lograremos desarrollar nuestro proyecto con éxito.

Reto: Encontrarte a ti mismo

Este reto trata de responder desde nuestra experiencia sincera y personal. una serie de preguntas que te llevarán a diseñar un modelo de negocio personalizado, es decir, a construir el trabajo de mis sueños, así que te las comparto junto con mis respuestas para que nos demos una idea del rumbo que debemos tomar al contestarlas.

Este modelo se basa en 7 piezas:
3 preguntas personales + 3 preguntas de negocios = 1 idea semilla

1.- ¿Quién sí/no soy?

Yo soy una persona sencilla, amable, que me gusta leer y pensar bien las cosas antes de hacerlas, soy muy precavido.

No soy una persona conformista, ni extravagante, ni muy arriesgada.

2.- ¿Qué sí/no me gusta?

La naturaleza, la limpieza y la tranquilidad.

El desorden, ni andar en la calle todo el día, ni los ambientes tóxicos y de estrés

3.- ¿Qué sé/no hacer?

- ¿Qué actividades pudieras estar disfrutando y que quieran pagar por ellas?

Asesorando / Educando en espacios tranquilos.

- ¿De qué temas conoces más, tienes experiencia, eres experto y qué necesiten o le sea útil a los demás? y ¿Qué no sabes hacer?

He estudiado y trabajado por muchos años en temas de educación y en empresas de finanzas, por otro lado, no me sé las calles, ni recetas, manualidades, ni temas de belleza o lo último de la industria de los e-sports.

- ¿Cuál es tu principal inteligencia o habilidad por la que te puedan pagar?

Soy especialista en educación y finanzas.

1. ¿Qué vendo?

a) Cuál es el producto o servicio

Vivero, alimentos, publicidad, cursos, manualidades, terapias, imagen personal, calzado, asesoría, entro otros.

Te recomiendo ampliamente que, de ser posible, te especialices en una sola actividad, como es el caso de alimentos, en vez de un local con tacos + pozole + pizza + sushi, mejor te enfocas en un solo segmento: comida mexicana, japonesa o italiana.

b) ¿Es rentable?

Es decir, cuánto me va a costar y en cuánto lo tengo que vender.

Actualmente hay precios de la competencia con los cuáles podemos tomar una referencia, la idea es que podamos obtener un margen de utilidad y además que sea lo suficientemente atractivo para poder dedicarme a esto.

Una manera de saber qué tanto esfuerzo le tengo que dedicar es conocer desde antes, cuántos recursos necesito solo para iniciar, pueden ser 3 personas, 1 local, 1 patente, 1 licencia sanitaria, 1 moto, 1 auto, recursos financieros como efectivo, créditos o arrendamientos, ya que de manera aislada tenemos que conocer, una vez que ya tengamos la infraestructura lista, la inversión que se requiere para producir el producto o servicio, es decir, los costos de elaborar mi producto.

Considera todos los costos administrativos, comerciales, de publicidad, rentas, que nada se te escape, y sobre todo proyecta los costos a 1 año completo, para que con eso ya tengas una idea de qué tanto tienes que vender para llegar a cubrir el 100% de los costos totales, esto es lo que llamamos llegar al punto de equilibrio, a partir de ahí ya sería utilidades.

Excelente ejercicio para determinar qué tanto hay que vender para lograr tus objetivos, con estos sencillos pasos podrás confirmar si realmente es el trabajo de tus sueños o literalmente, puro trabajo y sueño.

c) ¿Qué distingue al producto?

Cuál es su propuesta de valor: diseño, novedad, durabilidad, experiencia, conocimiento, exclusividad, calidad, rapidez, empatía, servicio o precio.

2. ¿Cómo lo vendo?

a) Atención

Será trato persona a persona, autoservicio, asesoría digital o automatizado por bots.

b) Entrega

Hay que ubicar si es una venta, renta o suscripción.

Y si el producto se lleva a domicilio, a oficina, por mail, paquetería aérea, por celular o tienen que acudir a un punto a consumirlo o recogerlo.

c) Publicidad

A través de contenido en web, redes sociales, prensa, revistas, alianzas, influencers, etc.

3. ¿A quién se lo vendo?

a) Segmento:

Mujeres y Hombre con edad de 25 a 45 años que vivan en mi ciudad.

b) Que tenga capacidad para adquirir el producto:

Con ingresos a la media nacional.

(Si vendieras yates ocuparías clientes con ingresos superiores al promedio nacional).

c) Que lo necesite:

Que le ayude a resolver un problema o necesidad, y cuando se lo presentes, le sea muy útil.

No tiene caso ofrecerle a alguien de tu segmento y además con capacidad de adquirirlo, si lo que vendes es un estudio con 50 aseguradoras para que conozca el mejor seguro del mercado para su auto, si aún no adquiere su 1er auto.

Con estos puntos afinas mucho tu mercado, y te vuelves eficiente al momento de invertir recursos en dar a conocer tu proyecto en quien realmente lo requiere, cuidando así el tiempo del prospecto.

La idea semilla que le dará vida al proyecto
Agencia de servicios financieros

"Tus talentos no son para enterrarlos…multiplícalos"

Mateo 25: 14.30

Envidia

El origen latín es *invidere* que significa in, hacia dentro y videre, ver, está relacionado con poner la mirada sobre algo, con la molestia al momento de mirar el bien ajeno.

Es uno de los pecados más peligrosos, ya que no se puede soportar que los demás tengan más o mejores bienes, ingresos mayores y mejores condiciones.

La definición financiera es gastar lo que tienes y no tienes por incomodidad del bienestar ajeno.

Reto: Detectar esas compras impulsadas por envidia y sobre todo aquellas que nos han metido en deudas innecesarias.

1.- Auto

2.- Casa

3.- Celular

4.- Vacaciones exóticas

5.- Muebles, Tv, ropa, joyas, etc.

Ejemplos

Mi vecino se compró una camioneta muy bonita y eso te incomoda, luego vas a la agencia y no solo quieres la misma versión, sino que quieres una más lujosa, y eso obviamente te mete en problemas financieros durante algunos años, otro caso es cuando tu amiga sube a sus redes el viaje a Europa, en ese momento entras a ver paquetes para Dubái o las Islas Fiji el verano próximo y hasta novio rentas con tal de tener esas fotos en tu muro.

De eso se trata la envidia en las finanzas, y para combatirla debemos disfrutar de las circunstancias hasta donde arrope la sábana (hasta donde alcance).

Acepto que he sentido envidia, incluso, entre más tiempo medito mis acciones/pensamientos/emociones me doy cuenta que surge de manera natural en todos, pero con solo detectar esa emoción, me percato que en realidad es porque yo también quiero eso y en ese mismo momento, agradezco conocer a una persona que ha logrado algo que yo quiero y además, me está mostrando el camino de cómo llegar ahí, así que lo que es, aplaudamos y deseemos que siga cumpliendo sus sueños, porque nosotros tenemos la misma oportunidad de ir al *Gym* a que se nos quite lo gordo o lo flaco (este es mi caso), pero eso no nos molesta, el detalle es que lo suben a las redes y eso, es lo que al final debemos de RECONOCER que me ocasiona un malestar, ver o estar con esa persona porque me está haciendo ver un área de oportunidad que debo de trabajar en mí, que sé que debo hacerlo, que lo he estado postergando y que de alguna manera u otra, cada que lo veo me lo está recordando, es algo que yo quiero obviamente.

Me invita a que aproveche el TIEMPO y utilice mi TALENTO.

Requiere un esfuerzo constante, no pesado, no intenso, solo constante, sabes que puedes llegar a tenerlo, dando el paso 1 ¡Empezar!

Si lo que quieres es aumentar tus músculos, cada vez que sientas envidia, haz 2 rutinas adicionales en el *Gym*, en ese momento en donde sentiste esa energía recorrer o mejor dicho "corroer" tu cuerpo, canalízala en lo que necesitas, ese cuerpo, ese trabajo, esos clientes, esa salud, esa casa, ese viaje, esa paz financiera.

Y sí, es energía, y no solo la sientes por ese motivo, hay momentos del día donde sientes más que en otros momentos, es ahí donde debemos canalizarla para levantar la pesa.

Con el tiempo nos iremos dando cuenta que a medida que reconocemos más cada día las virtudes de los demás y que cada uno de nosotros tenemos habilidades, metas y gustos diferentes, va dejando de tener sentido el seguir o imitar el camino de otros, invitándonos a mejor concentrarnos en desarrollar muy bien nuestras propias habilidades y seguir lo que dicta nuestra mente + corazón, y ahora que los pongo en el mismo renglón, en cada momento que tengamos que tomar una decisión, siempre hay una vía en donde mente & corazón están de acuerdo, busca que vaya por ese sendero.

El objetivo es llegar al punto cero de envidia y eso se logra con el siguiente Reto:

1) Reconocimiento de 3 personas que nos hacen sentir envidia
2) Determinar qué es lo que quiero tener que ellos ya tienen
3) Establecer la meta para lograrlo también

Por otro lado, y realmente del otro lado, en algún momento nosotros también hemos ocasionado envidia, si hacemos lo que tenemos que hacer actuando siempre de la mejor manera, llegará el momento en que se estarán realizando todas tus metas, cuando llegue esa etapa, ocasionarás envidia, eso no lo podemos evitar, no está en tus manos, sin embargo, podemos considerar que, si la envidia es natural o espontánea, podemos evitar hasta cierto punto provocarla.

La elegancia está en la sencillez, envidiar o presumir cosas no tiene mucho sentido.

Trabajemos por nuestra prosperidad financiera y disfrutémosla, cuidando siempre no caer en ostentaciones, eso de andar presumiendo materia no es bueno para nadie, ser moderado en ese sentido nos brinda beneficios importantes, además es una forma de respeto hacia los demás, sobre todo lo que están pasando por retos financieros, cuando la fortuna financiera toque nuestra puerta, es la señal para estar de lado de los que auxilian.

Origen

Es algo que yo quiero o necesito trabajar en mí, si sientes envidia muy seguido y de diferentes personas, es una señal de falta de logros personales, de autoestima o de trabajo interior.

Consecuencias financieras

Te hace perder oportunidades, no te permite disfrutar de lo que actualmente tienes y puedes adquirir fuertes deudas durante años de manera innecesaria, ¡vamos! todos sabemos que las personas que realmente te aman, no necesitan que tu auto esté bañado en oro o tu casa tenga 10 habitaciones, a tus tías tampoco les interesa que sus WhatsApp del piolín te lleguen a un celular con 5 cámaras, no caigamos en la trampa del lujo.

Beneficios

Reconoces tus propias virtudes, te enfocas en tus propias metas y eres libre de poder destinar tus ingresos a lo que tú quieres, evitas caer en pesadas e innecesarias deudas intentando seguir el ritmo de gastos de 3ras personas.

"El corazón apacible es vida de la carne; más la envidia es carcoma de los huesos"

Proverbios 14:30

Reconocimiento

El origen latín es *re cognoscere mentum,* que significa acción de distinguir a una persona, y está relacionado con otorgar el mérito que cada quien se merece.

La verdad nos hace libres y sobre todo cuando nos la decimos a nosotros mismos, reconocer y felicitar los logros ajenos, además de aceptar de manera sincera que también nos gustaría conseguir lo mismo, nos lleva a mejorar considerablemente en todo sentido.

La definición financiera es que independientemente de lo que todo el mundo logre, haga o compre, mi cuenta se queda intacta.

Debo seguir viviendo hasta donde me permitan mis circunstancias, sin llegar al conformismo, y mientras, trabajo cada día en ir mejorando mi situación financiera, a un ritmo personal y adecuado.

Si ponemos algo de atención a lo que mayormente se envidia te podrás dar cuenta que en su mayoría es el lujo, es muy extraño que alguien envidie la salud de una persona, su buena actitud, su honestidad, que cuente con su familia sana, su personalidad, su bondad, creo que sería mucho más provechoso envidiar valores y virtudes que objetos que brillen.

Transmutación del pecado en algo positivo

El reconocimiento nos invita a dar lo mejor de nosotros para cumplir nuestras propias metas, esto realmente se convierte en el mejor motivador, porque al momento de sentir envidia, sabes que es el momento de reconocerle un logro a alguien, y ese alguien por cierto, es un gran aliado, ya que está recordándote que es posible conseguir lo que quieres, te invita además a que aproveches el tiempo y tus talentos, cada vez que tengas un pensamiento de envidia, envía tus mejores deseos a esa persona, agradece por lo que tienes y levanta tu pesa cada día.

Donación

Es interesante tocar el tema en este punto, ya que cualquiera que sea nuestra situación, al mantener la práctica de donar una comida, un accesorio, efectivo, un aventón, un servicio, no importa la cantidad o el tiempo dedicado, nos mantendrá en constante recordatorio de que **siempre estamos en el lado de DAR**, que tenemos muchas cosas a nuestro favor que agradecer, y de que realmente no hay razón ni espacio alguno para la envidia, ya que todos tenemos cada día el mismo el cheque de 24 horas.

"Más bienaventurado es dar que recibir"

Hechos 20:35

VI EQUILIBRIO

En esta etapa nos enfocaremos en adquirir hábitos de compra que atiendan nuestras necesidades reales, mientras favorecemos al medio ambiente y a nuestra sociedad, esto mediante un consumo informado, responsable y consciente que podemos ubicar en sus 3 categorías:

1. La compra verde que pretende reducir los contaminantes
2. La compra ética que tiene en cuenta las condiciones laborales
3. La compra social que considera los mercados y el consumo local

Reto: Ubicar cuál de las 10 recomendaciones me hace falta de llevar a la práctica.

1. Intentar reparar antes de desechar

2. Hacer una lista antes de ir a las compras

3. Evitar productos con demasiado empaque

4. Consumir productos locales frescos de temporada

5. Escoger productos de consumo de energía eficiente

6. Leer etiquetas de los productos antes de consumirlos

7. Hacer un uso racional del agua y no dejar llaves abiertas

8. Evitar usar desechables, y si lo hacemos de preferencia biodegradables

9. Apagar luces, electrodomésticos y cargadores que no se estén utilizando

10. Aprovechar bien cada uso del auto, utilizar la bicicleta y los transportes públicos

Con tu compra favoreces una empresa y al mismo tiempo le dices al mercado que tipo de producto prefieres.

Comprar es como votar, así que cada vez que gastes elige al producto que mejor te represente, de esa manera las nuevas empresas se tendrán que ajustar a nuestro consumo consciente.

El presente depende de nosotros ya que **siempre es presente**, por eso un consumo individual a consciencia exige serlo en todo momento para poder contribuir activamente con un impacto positivo a nivel ambiental y financiero a nivel personal.

Moderación

Su origen latín es *moderatio,* que significa mantener algo dentro de una medida, y está relacionado con la mesura tanto en palabras como en acciones.

La definición financiera es mantener tus gastos dentro del límite de tus ingresos.

Nada que ver con no disfrutar de lo que ganamos con nuestro trabajo, la virtud de la moderación no significa suprimir completamente los placeres, sino lograr su domesticación.

El equilibrio, lejos del exceso o la abstinencia, es visto como virtuoso y precisamente en esto estamos trabajando en este camino, mientras vamos demostrando los beneficios que conlleva la moderación y un estilo de vida balanceado en todo sentido.

Aprovecho el tema para reiterar que no estamos a favor de que se viva sin gastar mientras se está ahorrando cada centavo posible, sino todo lo contrario, el objetivo es disfrutar de compras, viajes, restaurantes, cine, regalos, fiestas, autos, ropa y todo lo que a ti te guste, ya que está claro que cada quien queremos algo distinto.

Solo se recomienda disfrutar de todo esto, reconociendo las ventajas de hacerlo responsablemente y en su debido momento, ya que aquí pretendemos mejorar nuestro estilo de vida paso a paso, para VIVIR MEJOR EN TODO SENTIDO, por lo que estamos a favor de disfrutar plenamente la vida con valores, sin afectar a nadie, respetando a los demás y, sobre todo, respetando a nuestro cuerpo, mente y emociones poniendo en práctica la moderación.

"El regalo de Dios es disfrutar la vida y los dones que Él da"
Eclesiastes 5:19

Lujuria

El origen latín viene a partir de la palabra *luxus,* que significa lujo y exceso, está relacionado con el derroche y el libertinaje.

La definición financiera es gasto aquí y ahora.

Sería entonces el apetito desordenado e ilimitado de los placeres carnales; un ejemplo es una persona que no suele pensar en las consecuencias de sus actos y se mueve solo por impulsos de los sentidos, lo que pida el cuerpo.

Por este motivo es que tenemos que estar pendiente de lo que nuestros 5 sentidos están deseando:

1. ¿Qué estás deseando ver?
2. ¿Qué estás deseando oler?
3. ¿Qué estás deseando tocar?
4. ¿Qué estás deseando degustar?
5. ¿Qué estás deseando escuchar?

Si haces consciente lo que están pidiendo tus sentidos en todo momento, te percatarás que algunos de ellos fomentan la lujuria, así que 1 a 1 los iremos identificando.

Reto: Detectar qué cosas consumo o compro por lujuria

- Casino
- Videojuegos
- Contenido digital
- Fiestas muy frecuentes
- Snacks/Cigarros/Alcohol
- Compro ahora y pago después
- Calzado, perfumes, ropa o accesorios
- Los tacos, pizza o el sushi 5 veces a la semana

Transmutación del pecado en algo positivo

Enfocarnos en actividades que nos agraden nos permite evitar que los 5 sentidos anden dispersos, por ejemplo:

- Ejercicio
- Cocinar
- Estudiar
- Tocar un instrumento
- Tu modelo de negocio

Eliminemos las causas de la tentación, no te pongas en el lugar ni en las condiciones que te inviten a hacerlo, si ya te conoces, para qué te acercas, mejor seguimos estos 3 sencillos pasos:

1.- Detectar los momentos de lujuria

2.- Eliminar las causas de tu tentación

3.- Enfócate en metas personales que me otorguen satisfacción duradera

No caigamos en lo que según Hollywood es el éxito: fiestas, lujos y excesos, eso definitivamente son superficialidades, el éxito viene acompañado de una satisfacción interior permanente por haber logrado una meta, puede ser subir una montaña, crear una empresa, meditar 7 años, rescatar animales, construir tu casa o lograr una maestría, con esto quiero decir que hay que enfocarnos en metas y no en acumular dinero *per se*.

En este punto ya sabemos ubicar todos los momentos de lujuria, ahora, es necesario meditar un poco sobre ello para ubicar el origen de esos deseos, puede ser por mero placer, angustia, por evitar alguna situación o no enfrentar algún sentimiento.

La lujuria no permite que se aprovecha la energía, el tiempo ni los recursos disponibles de la mejor manera, pudiendo utilizar todas estas ventajas para crear interesantes proyectos que te llenen a plenitud, sobre todo aquellos que tengan que ver con tus dones, talentos, tu especialidad, habilidades y gustos.

Los beneficios de meditar al final de cada día, respecto a todo el tiempo y recursos que desperdiciamos en pequeñas tentaciones, nos va desarrollando la habilidad de evitar caer al día siguiente, desarrollando así paso a paso una templanza que se verá reflejada en tus relaciones y en todas las demás áreas de tu vida personal, una vez que lo vayas poniendo práctica te irás dando cuenta de lo motivante que es, ya que favorece Mente, Cuerpo y Emociones.

Satisfacer cada uno de los deseos que te pide el cuerpo cada día, sin restricciones, nos acarrea un impacto financiero muy alto, más de la mitad de lo que podemos ahorrar se te va fácilmente cada día.

El autocontrol es determinante para dejar que no se nos esté evaporando el dinero de nuestro trabajo.

Conocerte a ti mismo, a través de prácticas como pasar momentos a solas y descubrir los impulsos que te llevan a caer en autosatisfacerte, llegar al momento en que te des cuenta de que puedes observar cómo es que tu cuerpo se mueve, actúa y habla, incluso piensa, de manera automática y repetitiva, derivado de años de condicionamiento o malas prácticas, todo eso se puede detener, solo hay que ir poniendo en práctica día a día la transformación de un impulso en un nuevo hábito.

Transmutación del pecado en algo positivo

Si al estar poniendo atención a qué haces por pura lujuria o exceso, detectas que te tomas 7 tazas de café al día, o 7 paquetes de galletas, 7 cigarros, 7 bebidas, 7 snacks, lo puedes cambiar por el hábito de comerte una manzana, te ahorrarás algo cada día mientras mejoras tu salud y te vuelves más joven (por sus antioxidantes).

Nuevamente el EQUILIBRIO, tampoco en un inicio pretendamos negarnos a todos y cada uno de los placeres que nos ofrece la vida, sino ir tomando acción con enfocarnos en 1 solo hábito a la vez, es más, imaginemos lo siguiente:

A partir de que termine este libro, cada año cambiaré algo de mí en un nuevo y sano hábito. Así de sencillo, 12 meses completos enfocados en 1 solo hábito, te imaginas quién serás en 7 años.

Nuestra mente y consciencia es quien dirige el cuerpo, el 1er paso es hacer consciente que el cuerpo pide muchas cosas todos los días, así que tenemos que decidir cuándo sí y cuándo no vamos atender su solicitud.

La mejor herramienta es la ATENCIÓN a nuestros pensamientos y emociones, nos lleva a detectar todas esas ansiedades y, de esa manera, después y aunque estemos en medio de nuestras actividades cotidianas, podremos detectar y, sobre todo, actuar de manera más rápida y con mayor control a cada impulso que se nos presente.

Recuerda que tú eres la consciencia que observa desde un plano más elevado todos los pensamientos, todas las emociones y todas las reacciones que le suceden al cuerpo a cada momento. Toma el timón y controla el destino de tu barco.

El siguiente paso es calmar nuestro cuerpo y hacer más serena la mente, solo con esto automáticamente las tentaciones se hacen muy débiles.

Recomendaciones:

- Mantente y desenvuélvete en ambientes de paz
- Observa si tus compañías te traen agrado o malestar
- Dedícate tiempo a ti mismo, a tus preferencias
- Cada decisión diaria pregúntate: Me trae calma o ansiedad
- Gánate la vida en algo que te de gusto y armonía hacerlo
- Recuérdate que un cuerpo sano está tranquilo

El paso 3 es poner en práctica el nuevo hábito, ACCIÓN, hay que reprogramar cuerpo y mente, y solo funciona si somos CONSTANTES.

"Andad por el Espíritu, y no cumpliréis el deseo
de la carne. Porque el deseo de la carne es contra
el Espíritu, y el Espíritu contra la carne"
Gálatas 5:17

Calidad de vida Vs Estilo de vida

Un estilo de vida alto sería aquel en el que todo nuestro dinero se gasta en auto de lujo, casa con muebles exclusivos, ropa de diseñador, restaurantes VIP, viajes a lugares de moda, el modelo más nuevo de celular, joyas, entre otras cosas.

Una calidad de vida alta sería aquel en el que todo nuestro dinero se invierte en alimentos saludables, una casa cálida con muebles cómodos, no ropa de moda sino la que me acomoda, me gusta, me queda bien y va con mi estilo, viajes a lugares que me inspiran, en la atención a mi familia, en compartir con mis amigos y en ayudar a los gatitos, perritos o alguna fundación de tu agrado, entre otras cosas.

Un estilo de vida alto está enfocado más que nada en aspectos materiales de la vida, que hay que aceptarlo, nos brindan confort y es bueno tenerlo y aspirar a ello, claro que sí, mientras nuestras finanzas lo permitan. Por otro lado, una calidad de vida alta está enfocada en el bienestar físico, mental, emocional, social y espiritual al conectarte cada vez más contigo mismo y los que amas.

¿Cuál es el mejor?

Una vez fuimos a una fiesta de mi sobrino y me preguntaron que sí que nieve quería, de chocolate o vainilla y sencillamente respondí "Las dos", todos se extrañaron, hasta yo, pero pues estaba en una fiesta y realmente quería las dos (estábamos a 38°) nada ni nadie lo podía impedir y tampoco afectaría a otros ya que era demasiada nieve para todos.

Así que, de igual manera mi respuesta es los dos, no afectamos a alguien y además hay mucho para todos, solo que eso sí, recomiendo ampliamente que debamos alcanzar primero la calidad de vida y solo posteriormente deberíamos trabajar por mejorar el estilo de vida. En esta parte la clave está en establecer y atender las prioridades.

VII LA PREVENCIÓN ES EL CAMINO MÁS SEGURO

Seguros

El riesgo es la probabilidad de que ocurra un accidente o un imprevisto que pueda dañar a la persona, la familia o el patrimonio, y los seguros cumplen la función de cubrirlos.

No todos los riesgos son asegurables, y existen seguros tanto para proteger a tu persona como a tu patrimonio, en este capítulo, nos enfocaremos en los 3 más importantes para proteger a nuestra familia: auto, vida y gastos médicos.

Naturalmente no debemos querer utilizar la póliza, porque lo que realmente quieres, no es que suceda el siniestro, sino que en caso de que ocurra, no tengas que desembolsar grandes cantidades de dinero.

Así que cada vez que adquieres una póliza de seguros, lo que estás pagando es paz financiera, saber que cuentas con las coberturas necesarias y las sumas aseguradas suficientes para hacer frente a alguna eventualidad, sin tener que comprometer tu patrimonio, el cual nos ha llevado esfuerzo construirlo.

¿Hay alguna diferencia si lo adquirirlo en línea o con un agente?

Tu puedes entrar en este momento a la web y en 5 mins cotizar con cada aseguradora, bien, pues esa es la ventaja, su practicidad, ¿y su desventaja? pues en caso de dudas, aclaraciones, siniestro, renovaciones, cambios, cancelaciones, devolución de primas, reclamaciones y demás, tendrás que hacer fila en las ventanillas, oficinas y estar llamando a los *call centers* para ser atendido y en caso de alguna reclamación, cada vez que hagas contacto, te estará atendiendo una persona diferente.

Por otro lado, un Agente de Seguros, no te va a cotizar en 5 mins, ya que él o ella tienen la responsabilidad profesional de realizar las preguntas indicadas para asesorarte en brindarte el seguro que realmente tú necesitas, esa es su desventaja, de que tardarán un poquito más, pero al final sabes que es lo mejor, ya que estás adquiriendo un producto financiero. Su asesoría es sin costo.

Existen más de 100 aseguradoras registradas solo en México y tu agente certificado conoce muy bien la mejor para tu auto, vida o gastos médicos.

Lo esencial de un seguro de auto

A continuación, te presentamos las 7 coberturas esenciales que debe incluir tu seguro de cobertura amplia, así como los deducibles y sumas aseguradas que se recomiendan.

1. Daños Materiales – Valor Factura/Comercial - 5% deducible
2. Robo Total – Valor Factura/Comercial - 10% deducible
3. Gastos Médicos Ocupantes - $500,000
4. Responsabilidad Civil - $1,500,000
5. RC Complementaria - $3,000,000
6. Asistencia Vial - Amparada
7. Asistencia Legal – Amparada

Ahora, conoceremos algunas de las coberturas adicionales que puedes incluir en tu póliza.

1. Accidentes al conductor
2. Reposición de llaves
3. Servicios funerarios
4. Extensión de RC
5. RC Remolques
6. Auto sustituto
7. RC en EE. UU.

Conociendo estos puntos, ya es mucho más fácil poder escoger tu seguro de auto, justo con las coberturas que tú necesitas.

Existen 3 tipos de cobertura para mi auto:

1. <u>Cobertura básica (responsabilidad civil)</u>
Este es el famoso seguro de daños a 3ros y es obligatorio contar con él.

2. <u>Cobertura limitada (protección contra robo)</u>
Esta cuenta con las mismas coberturas que la amplia, solo se quita la cobertura de daños materiales, y con eso, puedes llegar a reducir hasta un 35% la prima.

3. <u>Cobertura amplia (completa)</u>
Esta es la que cuenta con todas las coberturas esenciales.

Lo esencial de un seguro de vida

En caso de que fallezca el titular, la aseguradora le dará una cantidad de dinero a los beneficiarios.

Vamos a conocer 2 tipos:

Seguro de Vida Temporal

Te protege durante un tiempo determinado, puede ser 1 año, 5, 10, 15, etc. Durante este tiempo de vigencia el contratante pagará una prima (cantidad de dinero), con el fin de obtener protección, y en caso de fallecimiento del titular o asegurado, el beneficiario que aparece en la póliza recibirá la suma asegurada que se contrató.

Seguro de Vida Ordinario

El contrato es por toda la vida del contratante (titular), pagará una prima anual con el fin de obtener protección, y cuando llegue el momento de fallecimiento, el beneficiario recibirá la suma asegurada estipulada en la póliza.

Coberturas esenciales:

- Básica de fallecimiento: En caso de fallecimiento natural o enfermedad
- Muerte accidental: En caso de fallecer por un accidente

<u>Coberturas adicionales:</u>

- Exención de pago de primas por invalidez
- Pago de suma asegurada por invalidez
- Muerte accidental colectiva
- Enfermedades graves
- Servicios funerarios
- Pérdidas orgánicas

Las principales **exclusiones** en un seguro de vida son:

a)   En caso de fallecimiento por suicidio ocurrido dentro de los primeros 2 años.

b)   Lesiones recibidas al participar el asegurado en una riña, siempre que él haya sido el provocador.

c)   Accidentes que ocurran mientras el asegurado se encuentre a bordo de aerotaxis, aviones de recreo, planeadores y helicópteros.

Lo esencial de un seguro de gastos médicos mayores

El seguro de gastos médicos mayores nos cubre la atención médica y gastos de una hospitalización originados de un accidente o enfermedad.

<u>¿Qué determina el precio de una póliza de GMM?</u>

- Deducible
- Coaseguro
- Suma asegurada
- Tabulador Médico
- Gama Hospitalaria
- Tope de coaseguro

<u>Las coberturas esenciales</u>

- Análisis
- Enfermeras
- Medicamentos
- Gastos hospitalarios
- Honorarios Médicos
- Ambulancia terrestre
- Apoyo para maternidad

<u>Las coberturas adicionales</u>

- Pérdidas orgánicas
- Protección dental

- Gastos funerarios
- Muerte accidental
- Emergencia en el extranjero
- Cero deducible por accidente

Las principales **exclusiones** en un seguro de GMM son:

a) Tratamientos con fines profilácticos y preventivos.
b) Tratamientos por accidentes o enfermedades que resulten por culpa grave del asegurado al encontrarse bajo los efectos del alcohol.
c) Cirugías con fines puramente estéticos o reconstructivos.
d) Enfermedades preexistentes.

Confianza

Si necesitas adquirir una póliza te sugiero que te acerques a alguien de tu confianza, primero, busca un agente dentro de tu familia y con tus amigos, ya que definitivamente será mucho mejor que ellos te asesoren, en mi familia, por ejemplo, somos 3 agentes de seguros, ¡así es! estoy también para servirte y asesorarte en esta materia, te acuerdas que te comenté que más adelante te platicaba de mi proyecto, pues te lo presento:

Instagram/segurosfinservice
www.agenciafinservice.mx
facebook/finservice

Este proyecto nació de atender mis gustos y los temas en los que me especialicé, en Agencia FinService es en donde aplico lo que he aprendido y aprovecho al máximo mi experiencia como asesor financiero, es lo que me gusta hacer y puedo apoyar a los demás, puedo vivir de ello y realmente lo puedo hacer todo el día, de esto se trata, que tu proyecto sea un traje a la medida, tanto, que refleje por completo tu esencia, si te empeñas y lo logras desarrollar, te vas a enamorar, ya que estás creando algo exclusivamente diseñado para ti mientras sirves a los demás.

Avaricia

El origen latín es *avaritia* y esta a su vez de *avarus,* que significa desear con avidez y está relacionado con la ambición de poseer muchas riquezas para atesorarlas.

La definición financiera es ahorrar en exceso.

Y no es que ahorrar mucho sea malo en sí, sino el hecho de que ese ahorro ni se utiliza, ni se disfruta, ni se comparte con nadie, no olvidemos que no disfrutar también es pecado, en el sentido de que puedes estarte limitando innecesariamente. Estamos naturalmente diseñados para disfrutar de la creación con todos nuestros sentidos, **el pecado radica justo en donde una acción conlleva una consecuencia negativa** para tu vida o la de los demás, bajo este precepto, con solo el hecho de preguntarme:

¿Es esto bueno para mí y los demás? con solo ir siguiendo todas las respuestas que sean sí, será suficiente para encaminarnos hacia un estilo de vida más próspero en todo sentido.

Por otro lado, si consideras que no entras en esta categoría, confirma con este Reto: las 3 veces que te has limitado en darte los gustos que tanto has querido y que sí has podido dártelos sin impactar tanto tus finanzas, pero que has decidido no hacerlo.

- Viaje
- Fiesta
- Restaurantes
- Ropa/Calzado
- Invitaciones/Regalos

Si recordaste que han sido muchas veces o muy seguido, entonces creo que es momento de hacer unos ajustes.

Si sientes que ya has ahorrado y sacrificado bastante porque fue para lograr una meta, muy bien, entonces es momento de destinar una parte para disfrutarlo con tu familia y amigos, también pudieras viajar, animarte a invertirlo en un proyecto de negocio o aprender una nueva habilidad.

Al estar teniendo ingresos y egresos de manera regular y constante…nos traerá 3 beneficios principales:

1. Una vida más equilibrada
2. Mantienes fluyendo tus finanzas
3. Y por consecuencia, disfruto más del resultado de mi trabajo

¿Cuál es el origen de mis comportamientos de avaricia?

1. En la familia se han pasado dificultades económicas
2. En la infancia los padres controlaban al milímetro el dinero
3. Porque se busca aceptación de los demás con cosas materiales

En mi caso aplica el punto 2, al ser hijo de 2 maestros, me tocó vivir las finanzas familiares muy metódicas, motivados para cumplir las metas familiares, patrimoniales y haciendo frente a crisis financieras e inflacionarias de su época.

Estas experiencias me llevaron a limitarme un poco en disfrutar del resultado de mi trabajo, sobre todo ya de adulto, pero pude gracias a estos ejercicios (retos) detectar el origen de ese comportamiento y ¿cuál era la señal?, que me sentía mal cada vez que gastaba, hasta que lo hice consciente y empecé a mejorar mi relación con el dinero, vas entendiendo que es una herramienta y que hay que saberla utilizar, compartir y disfrutar, actualmente gracias a superar estos retos de sincerarme en el comportamiento con mis finanzas y plasmarlo por escrito, es que he podido mejor mi relación con las finanzas personales, me ha llevado a vivir, y sobretodo promover, la salud financiera a través de un estilo de vida en equilibrio.

"Tal como salió del vientre de su madre, así se irá: desnudo como vino al mundo, y sin llevarse el fruto de tanto trabajo"

Eclesiastes 5:15

Generosidad

Viene del latín *generosus,* que significa abundante en nobleza y tiene que ver con hacer el bien ayudando a los demás de un modo honesto y compartiendo sin esperar algo a cambio.

La definición financiera es compartir multiplica.

No recomendaremos que no gastes y ahorres todo lo que puedas, y tampoco vamos a sugerir que gastes y entregues todo como si no hubiera mañana, debemos de prestar atención al EQUILIBRIO, cuidando no caer en los extremos de las finanzas, cuidemos no caer en la avaricia, ya que cada vez que la ponemos en práctica como no gastar en ti, no invitar a tus seres queridos o no atreverte a invertir en lo que te gusta, estás mandándote una señal a ti mismo de no tienes lo suficiente cuando es realmente todo lo contrario, sí lo tienes, y después de unos ligeros cálculos te das cuenta que es más que permitido.

Al momento de dar, donar, compartir, apoyar, hay que hacerlo igualmente con responsabilidad y entregar lo que esté dentro de tus posibilidades en ese momento, al fin de cuentas, para eso emprendimos este camino, para tener mejores condiciones, así que entre mejor me vaya, más tengo para compartir y apoyar a los demás.

Esto nos lleva a tocar el lado opuesto, y a que también prestemos atención cuando nos toca el momento de que nos sorprendan y saber decir sí a todo lo que la vida y las personas nos vayan ofreciendo cada día.

Entremos en esta dinámica de dar y recibir, es sano mantener el flujo entre ambas direcciones.

Cada vez que vayamos a apoyar debemos cuidar de hacerlo porque así lo deseamos honestamente, con ganas, la clave está en cuidar la intención de cada acto, es preferible hacerlo una vez con gusto que muchas veces sin ganas.

Existen muchas maneras de donar, hay algunas que no nos gustan, y hay otras que nos parecen más atractivas, por ejemplo, a mí me gusta darle unas monedas a los limpiaparabrisas, apoyar en rifas con causa, apoyar pequeños felinos y regalos para mí familia.

Reto: Identifica 5 maneras que a ti te gusta donar:

1.-

2.-

3.-

4.

5.-

La nobleza es un músculo.

1 vez a la semana tengamos un detalle con nuestra pareja, familiar, amigo o desconocido, que cultive el hábito de dar, puede ser un café, un libro, una plática, un consejo, una visita, una comida, realmente nunca se ha tratado de cantidades fuertes de dinero, sino de cantidades fuertes de nobleza.

Los principales beneficios de ir fortaleciendo el músculo de compartir es que nos vamos llenando de satisfacción personal, una vez que lo vayas poniendo práctica te irás dando cuenta de lo motivante que es, y al mismo tiempo, muchas cosas empiezan a mejorar en tu vida, principalmente las relaciones en las que ahora estás procurando, y lo más importante, mejora la relación contigo mismo ya que nos ayuda a darnos cuenta de que valemos por nuestros actos y valores, no por la cantidad de papel moneda o metal que acumulemos.

La generosidad abre tu mente e impacta a tu subconsciente a motivarte a seguir viviendo cada acto en abundancia y generosidad. Cada vez que das, te estás dando a ti mismo.

"El que siembra escasamente, también segará escasamente; y el que siembra generosamente, generosamente también segará"

2 Corintios 9:6

VIII LA ARMADURA

1.- Presupuesto mensual: Pluma

Es el arma más suave y fina de todas, nos brinda sabiduría al momento de diseñar tu propia calidad y estilo de vida. Con esta herramienta logras vencer a todos tus enemigos en el menor tiempo y en el menor número de movimientos posibles. Se utiliza antes de dar cualquier paso.

2.- El ahorro: Zapatos

Los más adecuados para ser mucho más veloces al momento de movernos con nuestras herramientas y para lograr todos los objetivos.

3.- El crédito: Espada

Un espada de doble filo que sirve tanto para atacar perspicazmente, como para defender y evadir ataques de manera inteligente, el perfecto complemento del escudo.

4.- La inversión: Pechera

Nos protege la parte más expuesta y donde se encuentra la mayoría de los órganos vitales, es decir, el fruto de todo nuestro trabajo.

5.- Modelo de negocio: Casco

Cubre la parte que diseña la estrategia y que incluye los 5 sentidos de tu cuerpo.

6.- **Consumo responsable:** Cinturón

Viene a proteger esos puntos débiles que te pudieran dejar vulnerable por ligeras fugas, nos ofrece, además, protección y soporte de nuestra espada.

7.- **Los seguros:** Escudo

Nos protege ante todo ataque o eventualidad que ponga en riesgo nuestra calidad y estilo de vida.

Hemos completado todas y cada una de las piezas necesarias para completar la especial armadura que cuenta con las piezas clave de ataque y defensa requeridas para la misión.

Este es el momento de usarla para combatir al último de los adversarios, fue indispensable haber pasado por todo el camino y superado cada reto individual hasta llegar a este nivel, ya que de otra manera no pudiéramos ver y combatir todas sus habilidades.

IX LA ISLA DEL COFRE DORADO

Es momento de escoger un momento a solas frente a un espejo, ¿por qué a solas? porque hablaremos con nosotros mismos y en voz alta, nos sinceraremos completamente y nos diremos todas y cada una de las áreas de oportunidad que tenemos que mejorar, y que a pesar de que creemos que las hemos superado, siguen ahí dominando una parte de tu vida.

El éxito en este reto no radica en vencer al enemigo, ya que nos hemos percatado de que no hay enemigo, en el espejo puedo percatarme que yo soy todo lo que existe, desde el camino personal inicia y finaliza todo. Es mi propio camino donde yo decido si me

voy aventando piedras hacia adelante o voy sembrando flores.

Parece fácil no crees, pero no es tan agradable tener que aceptar TODOS nuestros defectos, por eso es el último y más complejo reto, ya que tuvimos que ejercitarnos e irnos conociendo parte por parte durante todo este tiempo hasta llegar hasta aquí, porque a pesar de eso, sigue habiendo partes de nosotros que necesitan ser conocidas, reveladas y aceptadas, y para lograrlo hay que tomarse un profundo tiempo de introspección y extrospección, por ello el espejo, para que nos veamos el interior y el exterior sin censura.

Es a partir del momento de que nos desnudamos por completo cuando brillan y activan su poder todas las virtudes, llaves, armadura y herramientas de poder; ya que a partir de ahí es cuando pueden ser utilizadas.

Tú eres la fuente y tú tienes ahora, de la mano de todos los ángeles, el poder sobre el rey y sobre todos sus demonios, sobre todo de los que persistan en el recorrido del camino.

¡Por fin! hemos llegado al punto que queríamos llegar, después de tantas aventuras logramos derrotar cada demonio y así conquistar las 7 capitales que nos dejan 7 llaves que revelan el dominio de 7 virtudes, ha llegado el momento de usarlas para abrir cada cofre y revelar su contenido, recibiendo a manos llenas todos los frutos de nuestro esfuerzo.

Disfruta de todo lo que contienen.

Las 7 Herramientas y las 7 Virtudes

1.- Presupuesto Mensual muy claro, muy pulido, muy consciente, sin gastos por soberbia y reconociendo que debo respetar mis propias decisiones para alcanzar mis objetivos, esto es precisamente lo que me deja el haber desarrollado la Humildad.

2.- Ahorro, un hábito que fue fácil adquirir al dejar de lado la ira por frustración de querer tener grandes cantidades rápidamente, pasos sencillos y cantidades alcanzables son la clave para que cada vez vayamos mejorando nuestras cuentas, desarrollar Paciencia fue imprescindible para lograrlo.

3.- Crédito, un enemigo que me invitaba a consumir constantemente cayendo en gulas innecesarias, logré convertirlo en mi mejor aliado y en toda una herramienta que me lleva a apalancar mis sueños, lograr Templanza en momentos de tentación fue determinante.

4.- Trabajo, hasta que me conté las horas del día desaprovechadas y volteé a ver mis metas aletargadas por pereza, fue cuando inició la acción hacia lograr cumplirlas y superarlas, al nivel de lograr ingresos excedentes y colocarlos en productos de Inversión rentables, seguros e inteligentes.

5.- Reconocimiento, una vez conocida tu esencia, la envidia deja de tener sentido, ya que reconoces en el otro un semejante con una esencia distinta, es por eso que copiar a otra persona funciona tanto como si un delfín quisiera copiar a un felino, de nada, somos completamente diferentes. Ahora todo el enfoque es hacia mi propio Modelo de negocio.

6.- El consumo responsable solo trae beneficios por todos lados: menos deudas, más calidad ambiental, más ligereza, ahorros, Moderación, mayor salud, prosperidad en nuestra comunidad, etc., es una práctica que fomenta el equilibrio en todas las áreas de mi vida.

7.- Tener Seguro es un buen tip, es una inversión que se debe considerar al momento de adquirir un patrimonio o formar una familia, de la misma manera que al momento de obtener ingresos debemos ejercitar la Generosidad compartiendo una parte con los demás.

Los 7 resultados

Es momento de presentar los resultados concretos que obtuvimos con este libro.

- 1 inversión
- 1 modelo de negocio
- 1 fondo de emergencia
- 1 presupuesto mensual
- 1 historial de crédito limpio y cero deudas
- 1 póliza inteligente para mi familia y patrimonio
- 1 calidad y estilo de vida consciente y en equilibrio

¡Lo logramos! Este es el estado de **Paz Financiera**, hay una tranquilidad de saber que los gastos de cada mes están cubiertos, estás ahorrando y estás preparado con un fondo para cualquier eventualidad u oportunidad, mientras se está incrementando tu patrimonio y donde el tiempo está ahora a tu favor, ya que la semilla de tu proyecto personalizado e inversiones irán creciendo cada día mientras fortalecemos cada uno de nuestros valores.

Leer el libro te puede llevar un día, pero su ejecución es una práctica de vida.

X CONCLUSIÓN

1. Que tener unas finanzas sanas y bien equilibradas nos brinda la paz financiera.

2. Que ahorrar no es un lujo sino un hábito de poder y la mejor forma de ahorrar es con ingresos adicionales.

3. Que la libertad financiera es lograr tener mi tiempo 100% libre.

4. Que depende completamente de mí y es alcanzable el mejorar mi situación financiera, aceptando que requiere tiempo y constancia.

5. Que debo estudiar bien el producto antes de invertir, que requiere tiempo ganar, que ninguna inversión me hará millonario de la noche a la mañana y cuanto antes empiece mejor.

6. Que el crédito puede tanto perjudicar mis finanzas como ayudar a cumplir mis metas, solo debo decidir su uso correctamente.

7. Que conocerme, escucharme y dejarme guiar por lo que más me gusta y apasiona, es lo que más beneficios traerá a mi vida al momento de emprender cualquier proyecto.

8. Que es importante asegurar mi vida, salud y patrimonio, al igual que mi retiro, y tengo que empezar ahora mismo a prepararme para el futuro.

9. Que lo mejor para todos es que seamos consumidores responsables.

10. Que **los pecados capitales en la vida, también son los pecados capitales en las finanzas**.

¡Felicidades!

Haz concluido con éxito este camino lleno de retos que nos fueron llevando cada vez más hacia nuestro interior, al irlos enfrentando y superando fuimos revelando, a través de nuestra experiencia propia, conocimiento muy valioso que nos seguirá nutriendo durante nuestras próximas experiencias.

Este camino, a su vez, es una invitación a que cada vez que necesites una consulta, te escuches a ti mismo, a tu consciencia, a tus pensamientos y a tus emociones.

"Bebe el agua de tu propio pozo, el agua que
fluye de tu propio manantial"
Proverbios 5:15

Tú sabes muy bien siempre qué hacer y qué es lo mejor para ti y los demás, escúchate en todo sentido, mírate en el espejo y conoce tus virtudes, así como tus áreas de oportunidad.

Pero reconozcámoslo, todos somos unos pecadores y no es para alarmarnos, sino todo lo contrario, ¡para aceptarnos! y es que es algo natural, ya que el origen de todo pecado es que estamos dentro de un cuerpo de carne, y si ponemos atención, algunas veces de manera espontánea experimenta ciertos pensamientos y emociones de envidia, gula, pereza y demás.

Cada día desde el despertar hasta el dormir estamos cometiendo los mismos pecados, desde la mañana hasta la noche, son los mismos, día tras día e incluso casi a las mismas horas, este nivel de detalle lo lograrás percibir en ti a medida que vayamos poniendo más atención en todo lo que hacemos, decimos, pensamos y sentimos, justo cuando lo detectes lograrás estar preparado para anticiparte el día siguiente, no acercándote a la tentación y ya teniendo preparada la actividad en la que enfocarás tu atención, como por ejemplo, en algo mucho más enriquecedor y productivo como mejorar nuestras salud y finanzas.

Lo que significa que tenemos que educar y entrenar al cuerpo, física, mental y emocionalmente de acuerdo a nuestros intereses más nobles y positivos para nuestra vida.

Somos perfectos porque somos imperfectos. Un ser incluye luz y sombra, cualquier persona que no tenga ambas partes está incompleto, y es que esta es la única manera de evolucionar, de aprender, de crecer, de entender. Sin imperfección no hay crecimiento.

Mirar dentro de uno mismo es muy necesario para hacer pequeños ajustes o grandes cambios. Es como ver nuestra imagen en un espejo y descubrirnos con nuestras fortalezas y nuestras debilidades, nuestros errores y nuestros aciertos, verte de esta manera tan sincera y transparente duele, ya que aceptarnos por completo requiere ser valiente.

Como pudimos comprobar, existe una correlación directa entre el pecado y nuestras finanzas.

Cada pecado te tiene atada o atado, date cuenta entonces cuántos demonios tienen control sobre ti o admiremos cuánto control tenemos sobre ellos.

Una vez que reconozcamos todos los pecados financieros, podremos conquistar virtudes, ya que una vida financiera planeada inevitablemente reduce nuestros pecados.

Dios nos envió a la tierra para aprender y crecer por medio de experiencias agradables y también dolorosas. Él nos permite elegir entre el bien y el mal y nos deja decidir si serviremos a otros o si nos enfocaremos en nosotros mismos. El desafío es tener Fe en su plan aun cuando no tengamos todas las respuestas.

Cada vez que cometemos un pecado, nos alejamos del reino de los cielos de las finanzas, tú decides si te sueltas la cola o extiendes tus alas.

EM

Currículum Vitae

Maestría en Dirección Financiera Corporativa
Universidad de San Miguel – 2012

Especialidad en Dirección de Negocios
Universidad de San Miguel – 2010

Administración de Riesgos Derivados
FC Stone Intl. – Miami – 2012

Diplomado en Management & Business
Harvard Business School – 2013

Diplomado en Finanzas Personales
UNAM – 2018

Diplomado en Educación Financiera
Condusef – 2018

Diplomado en Alta Dirección de Empresas
IPADE & ICAMI – 2009

Licenciatura en Estudios Internacionales
Facultad de Estudios Internacionales y Políticas Públicas UAS – 2007

*Más de 15 años de experiencia en las finanzas corporativas y gubernamentales.

AGRADECIMIENTOS

Gracias a ti lector por invertir en esta obra que fue hecha con la mejor intención de que mejoremos, ya que lo mejor que nos pueda pasar a ti y a mí, es que todos logremos desarrollar y madurar los dones y talentos con los cuáles venimos equipados. Por tú bien, por el mío, por el de todos.

Seguimos en contacto.

EM

ACERCA DEL AUTOR

Emmanuel Mendívil

Es un eterno estudiante que considera y confirma que las Finanzas son una ciencia, y por eso mismo es que los resultados que pretendamos lograr desde un inicio son alcanzables mediantes un claro camino a seguir. Es escritor y conferencista de la materia, mostrando en sus talleres cómo es que al ir conquistando valores nuestras finanzas mejoran considerable y sustentablemente, esto lo logra a través de una esquisita receta que combina los mejores ingredientes de las finanzas y valores, con un sencillo estilo que nos invita a iniciar ¡ahora mismo!